高等法律职业教育系列教材
审定委员会

主　　任　万安中

副主任　许　冬

委　　员　（按姓氏笔画排序）

　　　　　王　亮　刘　斌　刘　洁　刘晓晖

　　　　　李忠源　陈晓明　陆俊松　周静茹

　　　　　项　琼　顾　伟　盛永彬　黄惠萍

高等法律职业教育系列教材

犯罪情报分析

FANZUI QINGBAO FENXI

主　编○周亚萍　王　亮
副主编○李亚可　周小凤
撰稿人○（以撰写内容先后为序）
　　　　王　亮　李亚可　阳　雁
　　　　周亚萍　曾德梅　周小凤
　　　　杨成俊

中国政法大学出版社

2020·北京

高等法律职业化教育已成为社会的广泛共识。2008年,由中央政法委等15部委联合启动的全国政法干警招录体制改革试点工作,更成为中国法律职业化教育发展的里程碑。这也必将带来高等法律职业教育人才培养机制的深层次变革。顺应时代法治发展需要,培养高素质、技能型的法律职业人才,是高等法律职业教育亟待破解的重大实践课题。

目前,受高等职业教育大趋势的牵引、拉动,我国高等法律职业教育开始了教育观念和人才培养模式的重塑。改革传统的理论灌输型学科教学模式,吸收、内化"校企合作、工学结合"的高等职业教育办学理念,从办学"基因"——专业建设、课程设置上"颠覆"教学模式:"校警合作"办专业,以"工作过程导向"为基点,设计开发课程,探索出了富有成效的法律职业化教学之路。为积累教学经验、深化教学改革、凝塑教育成果,我们着手推出"基于工作过程导向系统化"的法律职业系列教材。

《国家中长期教育改革和发展规划纲要(2010~2020年)》明确指出,高等教育要注重知行统一,坚持教育教学与生产劳动、社会实践相结合。该系列教材的一个重要出发点就是尝试为高等法律职业教育在"知"与"行"之间搭建平台,努力对法律教育如何职业化这一教育课题进行研究、破解。在编排形式上,打破了传统篇、章、节的体例,以司法行政工作的法律应用过程为学习单元设计体例,以职业岗位的真实任务为基础,突出职业核心技能的培养;在内容设计上,改变传统历史、原则、概念的理论型解读,采取"教、学、练、训"一体化的编写模式。以案例等导出问题,根据内容设计相应的情境训练，将相关原理与实操训练有机地结合，围绕关键知识点引入相关实例，归纳总结理论，分析判断解决问题的途径，充分展现法律职业活动的演进过程和应用法律的流程。

法律的生命不在于逻辑，而在于实践。法律职业化教育之舟只有驶入法律实践的海洋当中，才能激发出勃勃生机。在以高等职业教育实践性教学改革为平台进行法律职业化教育改革的路径探索过程中，有一个不容忽视的现实问题：高等职业教育人才培养模式主要适用于机械工程制造等以"物"作为工作对象的职业领域，而法律职业教育主要针对的是司法机关、行政机关等以"人"作为工作对象的职业领域，这就要求在法律职业教育中对高等职业教育人才培养模式进行"辩证"地吸纳与深化，而不是简单、盲目地照搬照抄。我们所培养的人才不应是"无生命"的执法机器，而是有法律智慧、正义良知、训练有素的有生命的法律职业人员。但愿这套系列教材能为我国高等法律职业化教育改革作出有益的探索，为法律职业人才的培养提供宝贵的经验、借鉴。

2016 年 6 月

在多年的教学工作中,每次上课前最难的事情是如何为高职类学生选择一本合适的教材,这类教材需有基本理论,也需有如何操作的案例训练,在图书市场上找到一本这样的教材并不容易。基于此,结合教学需要,我们编写了这本书。

本书为高等法律职业教育系列教材,结合入警类专业人才培养目标及高等职业教育的特点,确定本教材结构。"知识性内容",由教学目标、理论链接构成,用通俗的语言,使学生对理论知识容易理解,且做到知识够用;"能力培养性内容",由能力训练、复习与思考构成,注重任务的可操作性,突出对学生的技能训练。在编写过程中,对于一些可以深入了解的和目前情报分析学界探讨的热点问题,我们还加入了"拓展阅读"部分,拓展教师和学生的思维视野。

从内容上来说,全书由七个部分构成,分别是犯罪情报概述、犯罪情报分析的认知、犯罪情报分析的工作流程、犯罪情报分析方法、犯罪制图、犯罪情报分析的应用和其他国家情报机构建设。七个部分环环相扣,逐渐深入。通过对这些内容的学习,学生可以获得犯罪情报分析的基本知识,了解、掌握情报分析的方法和技能,训练分析问题、解决问题的能力,能够将情报分析技能在司法实践中灵活运用。

本书由周亚萍、王亮担任主编,李亚可、周小凤担任副主编,曾德梅、阳雁、杨成俊参编。具体协作及分工如下(以撰写内容先后为序):

王亮:项目一;

李亚可:项目二;

阳雁:项目三;

周亚萍：项目四；

曾德梅：项目五；

周小凤：项目六；

杨成俊：项目七。

周亚萍对全书进行了统稿、整理与修改。

本教材是站在"巨人的肩膀上"得出的成果。编写过程中，我们特别感谢那些为本教材提供原始研究成果和参考文献的作者、同行和朋友，通过拜读其作品，我们对犯罪情报分析有了更加清晰的认识与更加深入的了解，向你们致敬！

本教材得以顺利出版，离不开中国政法大学出版社、广东司法警官职业学院的大力支持和密切配合，在此表示衷心的感谢！由于学识有限，教材编写中可能存在不足之处，欢迎广大读者和专家对教材提出批评和建议。

编　者

2019 年 10 月

目录

项目一　犯罪情报概述 ……………………………………………………… 1

  任务一　情报的起源和发展 ………………………………………………… 1
  任务二　情报导向警务理论 ………………………………………………… 3
  任务三　我国的情报分析工作 ……………………………………………… 8

项目二　犯罪情报分析的认知 ……………………………………………… 14

  任务一　犯罪情报分析的概念 ……………………………………………… 14
  任务二　犯罪情报分析的特点 ……………………………………………… 16
  任务三　犯罪情报的分类 …………………………………………………… 17

项目三　犯罪情报分析的工作流程 ………………………………………… 20

  任务一　确定犯罪情报分析目标 …………………………………………… 20
  任务二　犯罪情报搜集 ……………………………………………………… 21
  任务三　犯罪情报的整理 …………………………………………………… 23
  任务四　犯罪情报的存储 …………………………………………………… 24
  任务五　犯罪情报的分析 …………………………………………………… 25
  任务六　犯罪情报的传递和应用 …………………………………………… 27

项目四　犯罪情报分析方法 ………………………………………………… 34

  任务一　定性分析方法 ……………………………………………………… 34
  任务二　定量分析方法 ……………………………………………………… 38

项目五　犯罪制图 …………………………………………………………… 63

  任务一　犯罪制图概述 ……………………………………………………… 63

任务二　犯罪情报分析图表 …………………………………………… 65
　　任务三　刑事侦查分析图 ……………………………………………… 70

项目六　犯罪情报分析的应用 …………………………………………… 84
　　任务一　情报分析技术在刑事侦查中的应用 ………………………… 84
　　任务二　情报分析技术在监狱中的应用 ……………………………… 93

项目七　其他国家情报机构建设 ………………………………………… 119
　　任务一　世界上主要国家的情报机构 ………………………………… 119
　　任务二　主要世界大国情报体制改革举措及对我国的启示 ………… 126

附录一　中华人民共和国国家安全法 …………………………………… 132

附录二　中华人民共和国国家情报法 …………………………………… 140

参考文献 …………………………………………………………………… 144

后　记 ……………………………………………………………………… 146

项目一

犯罪情报概述

任务一　情报的起源和发展

教学目标

通过对情报的产生历史和发展情况的学习，了解情报理论的相关著作，思考情报适用的领域及未来发展方向。

理论链接

情报作为人类社会实践的产物，伴随着人类的产生而产生。进入 21 世纪，我们迎来了信息化发展的新阶段，情报信息更是广泛地融入我们的生活，渗透到人类社会的各个领域。回顾情报信息发展的历史，人类经历了语言的诞生、文字的诞生、印刷术的诞生、利用电磁波和计算机技术等不断进步的几个阶段。研究情报的产生和发展，必须依据纵向的历史考察和横向的现实比较，才能寻求正确的结论，才能站在历史的高度展望未来。

一、情报的起源

情报是一种社会现象，它是社会发展到一定历史阶段的产物。可以说，当人类进行第一次生产活动时，情报活动就随之产生了。人类社会初期的情报活动主要是生产劳动信息的传递，它反映了人类与大自然斗争的关系，不具有现代情报反映出的"对抗属性"。这个时期具有代表性的情报活动的萌芽，是出现了搜集和利用犯罪信息的形式——"神判活动"。神判活动以毫不相关的表征信息作为判断的依据，这是违反科学的，但是在神权占统治地位的上古时代，其具有存在的理由，从其活动内容来看，人类已经能够从不自觉地运用情报开始进入自觉运用情报的大门。神判活动象征着现代情报活动的萌芽。

随着生产力的发展，在私有制和国家诞生以后，犯罪现象开始出现在人类社会中。对私有财产或人身安全的侵犯直接危害了社会的正常秩序，削弱了统治者的统治基础。统治阶级出于维护自身利益的需要，开始有目的、有组织地打击犯罪活动，于是以打击犯罪活动为目的的情报活动便在专门的国家暴力机器中诞生了。在军队中和国家机器内部，开始独立出专门维护社会治安、保证统治秩序的专业官吏，他们便是现代警察的鼻祖。他们在逮捕、断狱、审案的过程中，产生了对犯罪信息的需求。

春秋末期，我国出现了一部至今仍在世界上享有盛誉的军事著作——《孙子兵法》。它不仅仅是一部军事著作，同时包含了丰富的情报理论精华，书中所阐述的情报理论，对今天的情报工作仍具有重要的指导意义。《孙子兵法·谋攻》中有段至理名言："知己知彼，百战不殆；不知彼而知己，一胜一负；不知彼，不知己，每战必殆。"其中"知己知彼，百战不殆"被奉为情报信息的重要理论。

以《孙子兵法》成书为标志，早在两千多年前，中国就对情报有了充分而系统的研究，诞生了一整套思想成熟、影响深远的情报理论体系。在此基础上，经过千百年军事实践的检验和经验的积累，先后又诞生了一大批饱含情报思想的兵书。其中以《吴子》《司马法》《尉缭子》《六韬》《三略》《唐太宗李卫公问对》最具代表性，史称"武经七书"，被后人誉为中国古代数千年情报思想的集大成者。这些著作中包含了运用情报进行侦查破案，搜集情报的多样化的方法和途径；专职情报机构的建立、发展；运用推理判断方法对情报进行研究；注重情报人才队伍培养，选拔和任用高素质人才等方面的内容。

近现代中国的情报工作经历了新民主主义革命时期中共地下党秘密情报工作阶段，中华人民共和国成立初期情报工作阶段，"文化大革命"时期遭受严重挫折阶段，改革开放后迎来新的发展机遇阶段，以及新时代情报工作出现跨越式发展的渐进式发展历程。

周恩来同志是中国共产党历史上伟大的无产阶级革命家、政治家和战略家，同时也是我党秘密情报事业的缔造者和核心领导，被誉为"中共情报之父"。周恩来领导我党秘密情报工作数十年，积累和总结了丰富的实践经验，他的情报思想高瞻远瞩、统揽全局，主要体现在将情报工作置于关系党和革命事业生死存亡的战略高度；重视情报人才的培养和选拔，同时注意应用国际先进的情报技术武装自己；重视情报制度建设，将情报工作机制从经验导向转移到制度保障的轨道上来。

二、情报的发展

情报最初指的是军事活动中的敌情报告。随着社会的发展，尤其是文字、造纸术的产生，大大促进了情报活动的进步。人们从事劳动生产的分工日益明确，各行各业之间相互竞争日益激烈，情报分化为不同的种类，如政治情报、经济情报、文化情报、商业情报等，而且出现了专门的情报机构和专业的情报人员。从情报的搜集、整理、检索、分析、研判和利用，到情报系统运作研究、情报案例研究等，情报工作内容在不断地深化拓展。

中华人民共和国成立后，新生的人民政权面临着严峻的国家安全形势。周边国家在西方反华势力的怂恿下对我国形成包围之势，不断向国内派遣特务和间谍，窃取情报，试图颠覆共产党政权；以蒋介石为首的国民党反动集团以台湾地区为据点，远程遥控指挥潜伏在大陆的敌特分子。从50到60年代，公安部门设立了情报资料室，在全国范围内积极开展刑事犯罪资料建档工作，这是我国公安情报信息系统的雏形。"文化大革命"期间，情报信息工作遭到了严重破坏，到1980年才全面恢复，并开始进行刑事情报资料系统的正规化、系统化建设。

维护国家安全和社会稳定是公安机关的一项政治任务。20世纪90年代，冷战结束，市场经济在全球范围内推广发展，世界各国或地区通过密切的经济交往和经济协调，相互联系和依存，相互竞争和制约，形成了世界经济从资源配置、生产到流通和消费多层次、多形式的交织和融合，这个过程叫做"经济全球化"。"经济全球化"使世界越来越融合为一个政治、经济、科技、思想、公共安全的统一体。全球化格局既给世界各国经济发展带来了机遇，同时也对各国的非传统安全问题带来了威胁。

国家安全观念随着社会的变化不断更新，由单一型安全观向综合型安全观转变，国家安全情报涉及的领域更加广泛。传统军事战争逐渐消失，取而代之的将是经济的竞争、信息的争夺、思想文化的演变侵蚀等。

当前的情报研究工作应当和文献工作、信息工作融合在一起，把激活资料和信息，发挥资料、信息的作用作为一条主线贯穿于情报工作之中。

任务二　情报导向警务理论

教学目标

通过情报导向警务理论的学习，掌握犯罪情报分析的历史背景，学会运用艾克勒姆的五步分解法解决现实中的问题。

理论链接

情报导向警务理论源于欧美国家一直在进行的现代警务机制改革。自1829年英国内政大臣罗伯特·比尔创建英国伦敦大都市警察开始，警察的发展史进入新的阶段。王大伟教授将那时至今将近190年中世界警察所发生的变化用五次警务改革来概括。

王大伟教授认为：情报导向警务（Intelligence-led policing）是主动先发警务模式的一种延续，以对犯罪情报的分析与解读作为决策的依据，分为战略层次与战术层次。在战略层次，强调犯罪情报在决策中的导向作用，主要包括三个环节：通过情报解读犯罪环境，通过情报影响决策者，以及决策者改变犯罪环境，这三个环节形成一个系统内部的反馈与制约机制；在战术层次，强调犯罪情报在具体警务活动中的应用作用，在制定预案或每一次警务专项活动中，都要以情报为主导，制定科学的情报导向警务计划。

一、战略层次的情报导向警务

1997 年，帕森（Pawson）和蒂利（Tilley）两人指出"对任何预防犯罪的工程而言，其最重要的是搞清机制，才能回答为什么这项工程会成功"。澳大利亚学者杰瑞（Jerry H. Ratcliffe）在《犯罪与刑事司法的发展趋势与问题》杂志中发表了关于情报导向警务的一篇文章，其中介绍了情报导向警务的原理图。

如下：

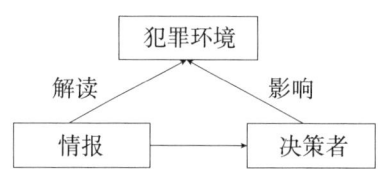

图 1-1 情报导向警务原理图

情报导向警务的原理假设：虽然犯罪环境的特性是动态与变化的，无论从形态或是规模上都在运动变化，不是一成不变的，但对警务工作而言，犯罪环境的特性是稳定的，是有规律可循的，警务工作要想有效地运作，对犯罪环境的研究应该是基础。

情报导向警务的三步曲：

1. 解读犯罪环境。通常解读犯罪环境由警察机关的情报部门完成，但警察外部信息部门之间的合作也是必不可少的。各种信息云集于那些可以影响犯罪环境的决策者，决策者知己知彼，采用多种主动先发的措施改变犯罪环境。

2. 情报结构确定和影响决策者。情报结构确定和影响决策者有两个要素：其一，谁是情报结构确定的最佳人选。不同的情报结构具有不同的特征，对问题反映的侧重点也不同。最优秀的人才不一定是最佳的人选，决策者一定要适合情报结构的模式。例如，犯罪情报信息系统是以与犯罪相关的一系列情报为平台建立的，其内容包括犯罪嫌疑人的基本情况、作案手段、时空条件等，这种情报结构决定了其决策者必须熟悉刑事侦查业务，了解管辖区域的犯罪发展情况。其二，改变决策者的思维定势，以便孕育新的战略决策。情报信息是动态发展的，因而会对决策者的思想产生一定的影响。人们习惯于以一定的思维方式思考问题、作出决定，往往使自己故步自封。不断更新的情报可以激活决策者的思维，在思考时产生各种遐想，拓宽思路，激发灵感，迸发出新的火花。

3. 决策者改变犯罪环境。根据情景预防犯罪理论，犯罪与环境有密切联系，因此，决策者一要有热情，二要有技能，要努力探索犯罪规律，并采用多种主动先发的措施来改变犯罪环境。通过对情报的分析解读，针对具体问题寻求相应的措施，指导警务工作，改变犯罪环境。

二、战术层次的情报导向警务

（一）英国国家情报模式

根据国家刑事情报服务处（National Criminal Intelligence Service，简称 NCIS）的解释，情报导向警务的目标可以从下列四个要素进行理解：①通过综合手段，包括公开与隐蔽的方式锁定犯罪嫌疑人；②对犯罪与治安案件高发地域进行管理控制；③系列犯罪案件与意外事故的并案侦查；④实施综合治理的预防措施，与地方各部门形成伙伴关系，达到预防犯罪与治安事件的目的。以上四个要素并不是孤立的，而是相互联系、相互渗透的，强调的是整体与联系。

英国情报导向警务的核心是英国国家情报模式（the UK National Intelligence Model），倡导科技先行战略。英国国家情报模式认为：其一，犯罪的分布绝不是随机的平均分配，它有着十分明显的时间与空间规律，即时间高发段与空间高发点。其二，综合治理与基层各单位的伙伴关系是抑制与预防犯罪的有效武器。其三，锁定罪犯而不是锁定犯罪。其四，科学调查显示：一批惯犯，虽然在全体罪犯中所占的比例很小，却实施了大量恶性案件。

（二）美国的国家犯罪情报共享计划

美国《国家犯罪情报共享计划》（NCISP）将情报导向警务划分为六个步骤：计划和指导、收集、整理、分析、公布、评估。

1. 计划和指导。情报的收集需要讲究方法，不能盲目、毫无目的地收集，良好的开端是成功的一半，因此在收集情报之前应该做好计划。计划的内容应该包括：收集情报的目的、用途；收集的原则，如当事人自愿的原则等；收集情报的内容，如抢劫案件被害人信息、地理位置、时间信息等；收集的具体方法，如抽样收集、全面收集等；收集的注意事项以及禁止性规定，如禁止使用非法方法收集情报、禁止弄虚作假等。

2. 收集情报。分析情报必须以收集情报和整理处理大量的信息为基础。收集是整个情报导向警务工作量最大的一个步骤，通常耗费大量的人力、物力和时间。准确的情报是整个情报导向警务的基石，如果情报不准确，则整项工作都将会徒劳无功，成为数据堆砌的泡沫。因此，情报收集必须确保准确，宁缺毋滥，应以情报的准确性作为收集工作的评判标准。

3. 整理情报。认真审查收集的信息，剔除与主题无关的、无用的或者不正确的信息，然后将有用的信息按照一定的逻辑顺序排列归类。通过整理，使庞大的信息条理清楚，信息之间的关系也会逐渐明朗化。现在，人们通常使用带有检索文本功能（text-mining capabilities）的尖端数据库来进行数据的整理。数据库的设计对于整理数据和比较数据是十分关键的，很多计算机软件制造公司可以提供数据库产品，但是大多数产品都需要进行调试以适应警察部门的需要。

4. 分析情报。在情报导向警务这个系统中，分析占据着核心的位置，正是由于在分析过程中加入了人的智力劳动，杂乱琐碎、零乱无章的各种情报才成为条理清晰、有充分价值、指导警务活动的情报信息。1976年，海瑞斯（Harris）将"情报信息"定义为"经过体力劳动，但更主要的是经过智力劳动的过程，所形成的最终产品"。海瑞斯认为，这个劳动过程中的"智力属性"就是分析，分析在整个情报导向警务系统中是关键的一个环节。对犯罪的预防和侦查必须建立在全方位的情报收集和分析基础之上。分析包括以下内容：汇总数据，作出推论或者结论，在各种数据或推论的基础上为领导作出建议。这些推论或者结论就是原始信息经过智力劳动而形成的最终信息。

5. 公布情报。经过分析整理的情报资料应是共享资源，而不是情报部门的专用产品。通常，需要情报的部门并不是情报信息部门，而是其他的业务部门。当这些部门需要有关情报时，情报信息部门应积极配合。情报决不仅仅是数据产品，而应是全体警察智慧的结晶，好钢应该用在刀刃上，情报也应如此，情报应该提供给最需要的部门，发挥其最大的作用。

6. 评估情报。当信息经过上述步骤之后，警方的工作并没有结束，情报的有效性还需要进行评估，评估是对情报使用情况的反馈，经过评估可以发现缺陷，以便今后弥补不足，做进一步改善。评估并不只是情报信息工作人员的任务，凡是参与情报使用的一切人员都可以进行评估，如决策者、管理者、调查人员等。为了确保实现"评估"的价值，可以利用问卷调查的方式，通过具体、直接的问题形式进行调查。

（三）情报导向警务在工作中的具体操作——艾克勒姆五步分解法

艾克勒姆五步分解法，向人们展示了"情报"的一整套流程。情报导向警务计划主要包括五个环节：收集情报、分析解读、战略设计、战略实施、科学评估。

1. 收集情报。收集信息既包括刑事案件及其他案件，也要包括预防的内容，而且还要包括以下四方面：①有关发案地与监控案件发生地的信息；②有关案件涉及人员的信息（如被害人、犯罪嫌疑人与第三者）以及刑事案件或监控案件的自身特点（如自然特性、社会联系、案件发展与后果等）；③有关对刑事案件反应的信息（社区、商业、机关）；④对罪犯调查采访的信息，以增加对刑事案件的逻辑认识。

2. 分析解读。在预防犯罪程序中，分析阶段包括两部分内容：首先，对犯罪、被害人等信息进行总结，并试图揭示其内在的模式；其次，对已获得的有关犯罪与被害人的模式进行解释，具体方法包括空间标图法和时间标图法。空间标图法是将犯罪资料与地区特性资料叠加在一起。时间标图法可以日、周、月、年的时间段绘制，从而研究特定时间段内犯罪的分布变化。犯罪高发时间段或许与其他因素相关。分析阶段的最后步骤是解释已发现的犯罪模式。为达此目的，应把观察到的有关犯罪模式与信息同其他因素相结合，综合分析。其他因素包括自然、社会与人口统计因素。在分析过程中，一定的犯罪学理论与预防理论是很有帮助的。例如，一些"犯罪热点"的形成，或源于犯罪分子的分布，或源于某一地区潜在犯罪分子的日常活动特点。

3. 战略设计。艾克勒姆指出，一旦发现与解释了犯罪模式，就要思考采取行动的方法，以便破坏犯罪模式，阻断犯罪因果的链条。不同的部门，应在犯罪因果链条中选择适当切入点加以阻断。预防工作包括近期与远期两种。远期预防旨在采取行动，防止危险青少年滑入犯罪的泥潭；近期预防旨在采取行动，防止迫在眉睫的犯罪发生。

4. 战略实施。在实施预防犯罪措施时，有五条战略应切记在心：①制定条例规则，以约束规范行为。像制定禁酒法，以法律为武器，在特定的时间地点限制酒的买卖与消费。②提供必要的设备和辅助手段，以便保证项目实施的顺利进行。例如，为监测学生在校率而安装电子计算机监测系统。③对采用预防措施的居民实施奖励。例如，凡安装门锁、窗锁的居民，可减低保险费的征收。④通过谈判，协商解决项目的花费，协调开办单位与服务人员之间的利益。⑤大力宣传，传播信息，措施实施。使大众了解，为获得有效的贯彻与实施，问题的本质是什么，要解决的难点是什么，为此所制定的措施有哪些。

5. 科学评估。预防犯罪工作的最后阶段是评估，评估这个项目对犯罪水平的作用。虽然这是最后的阶段，但在项目开始之前，就应周密计划、耐心等待，花费足够的时间来实施并等待最后的结果。预防犯罪的工作，需要充裕的时间待其生根开花，如果周期过短，时间不充足，就会影响其结果。评估程序一般分为两种，即程序评估与结果评估。所谓程序评估，即对项目的贯彻实施的方式进行评价。所谓结果评估，即对项目的作用及设计的影响进行评价。前者是对项目实施的监测，特别是"已发生了什么"。而后者是指项目对选择对象所发生的结果（如犯罪水平）进行评价。

拓展阅读

表1-1 警务改革发展史

警务改革	标志与时间	主要内容	历史意义
第一次改革	1829~1890年 罗伯特·比尔建立英国伦敦大都市警察	罗伯特·比尔制定新警察的12条原则，强调以预防为主，重视警民关系，增加服务职能	新警察与旧警察的分水岭

续表

警务改革	标志与时间	主要内容	历史意义
第二次改革	1890~1930年 美国的警察专业化运动	摆脱地方腐败政治对警察的控制，使警察成为独立高效的队伍；加强教育培训，注重专业化	新警察独立与成熟的标志
第三次改革	1930~1980年 欧美各国的警察现代化运动	警察现代化包括：交通器材现代化，完善车辆巡逻，指挥通信现代化，电子指挥中心，信息交流与储存现代化	狭义警察概念，即"打击犯罪战士"的概念走向鼎盛的标志
第四次改革	1980~20世纪末 欧美各国的"新警察模式改革"	在10个大范围内对原有警察组织结构、理论观念进行冲击，返璞归真	警察现代化技术与警察哲学的理性结合，"传统更夫"的服务职能回归
第五次改革	1990年至今	重视公共选择理论在警务部门的运用和市场机制在治安防范控制中的作用，提供非执法事务的公平竞争	警察平民化；各种警务模式的融合

任务三　我国的情报分析工作

教学目标

通过对本部分的学习，了解我国情报机构的基本构成，并知晓各情报机构的基本职能。

理论链接

《十八届三中全会会议公报》中明确提出：创新社会治理，必须着眼于维护最广大人民根本利益，最大限度增加和谐因素，增强社会发展活力，提高社会治理水平，维护国家安全，确保人民安居乐业、社会安定有序。要改进社会治理方式，激发社会组织活力，创新有效预防和化解社会矛盾体制，健全公共安全体系。设立国家安全委员会，完善国家安全体制和国家安全战略，确保国家安全。构建集政治安全、国土安全、军事安全、经济安全、文化安全、社会安全、科技安全、信息安全、生态安全、资源安全、核安全等于一体的国家安全体系。

一、军事情报搜集部门——总参二部

外界俗称"总参情报部",也被称为"中国的中央情报局"。其职责为:收集和分析军事、政治情报;对外军事交流,加强与外军的军事联系和军事互信。其人员培训学校为:人民解放军国际关系学院。其研究机构为:国际战略研究学会。

图1-2 中国人民解放军总参谋部徽标

一局负责香港和台湾地区的情报搜集;二局为五大战区部队提供战术情报并协调工作;三局武官处主要搜集有关外国武器技术、战争规模、军事学说、经济和政策方面的情报;四、五、六局负责对特定地域的目标进行深层次的情报分析;科技局负责军事武器的研究、设计和开发情报;军控局负责处理国外弹道导弹防御系统和军控问题。

二、内外各类情报搜集部门——国家安全部

国家安全部成立于1983年7月,是中国政府的反间谍机关和政治保卫机关。其直属学校为:北京国际关系学院、苏州江南社会学院。其直属研究机构为:中国现代国际关系研究院、上海国际问题研究所。

图1-3 中华人民共和国国家安全部徽标

其下设机构17个局:第一局(机要局)主管密码通讯及相关管理;第二局(国际情报局)主管国际战略情报搜集;第三局(政经情报局)主管各国政经科技情报搜集;第四局(台港澳局)主管该地区情报工作;第五局(情报分析通报局)主管情报分析通报、搜集情报指导;第六局(业务指导局)主管对所辖各省级厅局的业务指导;第七局(反间谍情报局)主管反间谍情报搜集;第八局(反间谍侦察局)主管外国间谍的跟监、侦查、逮捕等;第九局(对内保防侦察局)主管涉外单位防谍,监控境内反动组织及外国机构;第十局(对外保防侦察局)主管驻外机构人员及留学生监控,侦查境外反动组织活动;第十一局(情报资料中心局)主管文书情报资料的搜集和管理;第十二局(社会调查局)主管民意调查及一般性社会调查;第十三局(技侦科技局)主管技侦科技器材的管理、研发;第十四局(技术侦察局)主管邮件检查与电信侦控;第十五局(综合情报分析局)主管综合情报的分析、研判;第十六局(影像情报局)主管各国政、经、军等影像情报,包括卫星情报判读;第十七局(企业局)主管该部所属企业、公司等事业单位反恐局,反恐行动的主管单位。

三、刑事犯罪情报搜集部门——公安部

犯罪情报分析是犯罪情报信息工作的重要组成部分。犯罪情报分析工作质量的高低离不开犯罪情报信息工作的整体发展水平。自 20 世纪 90 年代以来，信息化发展被提到了国家战略发展的高度，我国信息化建设获得飞速发展。国家和社会信息化的发展给公安信息化建设提供了有利条件和强大动力。公安机关以"金盾工程"建设为契机，加快公安信息化建设，以信息化带动警务现代化的跨越式发展。公安信息化的实质，就是充分利用信息技术，整合开发信息资源的过程。公安机关维护国家安全与社会稳定，关键在于情报信息资源的掌握与运用。公安信息化建设的逐步推进，既为公安情报工作的开展提供了新的契机和条件，也势必要求公安情报工作不断发展创新，以适应公安信息化发展的需要。

原中央政法委书记孟建柱指出：加强公安信息化是提高公安机关整体战斗力的重要途径，是提升基层基础工作水平的重要载体，是牵动警务机制改革的重要纽带。

（一）金盾工程

20 世纪 90 年代，国家有关部门相继开展了"金盾""金关""金税""金卡""金桥""金旅"等信息化工程建设，有力地推进了国民经济和社会信息化。其中公安信息化工程，即"金盾工程"是我国电子政务建设的 12 个重要业务系统建设项目之一。

公安信息化就是在公安部的统一规划、统一领导和统一组织下，建设网络，利用公安信息资源，普及应用信息技术，培养信息化人才队伍，完善法规、政策及标准规范，加速公安工作现代化的进程。简单地说，依托公安信息网办理各项公安业务，并产生出流程化的警务信息，这个过程就公安信息化。

"金盾工程"实质上就是公安通信网络与计算机信息系统的建设工程。"金盾工程"是我国已经启动的、国家级"金"字头工程（俗称"八金"工程）的重要组成部分。公安信息化工程的名称叫"金盾工程"，正好符合公安机关打击犯罪、保护人民的本质特征。

"金盾工程"分两期实施：

一期工程建设：2003 年下半年至 2005 年底。2006 年 11 月 16 日，全国"金盾工程"（一期）竣工验收。期间，完成了全国公安一、二、三级主干网和接入网的建设任务，80%的公安基层所队接入主干网，每百名民警拥有联网计算机达 40 台。规划建设的 60 个应用系统已投入运行，并完成了八大资源库和 23 个一类应用系统的建设任务。

"八大资源库"由以下信息库组成：全国人口信息库、全国违法犯罪人员信息库、全国警员信息库、全国在逃人员信息库、全国被盗抢汽车信息库、全国机动车/驾驶人信息库、全国重点单位信息库、全国出入境人员证件信息库。

一类重点系统有 23 个，包括全国人口信息管理系统、全国违法犯罪人员信息管理

系统、全国在逃人员信息管理系统、全国被盗抢汽车信息管理系统、全国失踪人员信息管理系统、全国未知名尸体信息管理系统、全国命案信息管理系统、公安部现场指纹信息管理系统、全国机动车/驾驶人信息管理系统等。

二期工程建设：2009年至今。其主要任务为：一是优化完善"三类基础设施"，也就是网络基础设施、安全技术设施、信息中心技术系统；二是开发推广"三大应用平台"，也就是公安情报信息综合应用平台、警用地理信息基础应用平台、部门间信息共享与服务平台（2010年建设重点）；三是建设扩展"四类应用系统"，也就是按照公安部统一部署，对在一期建设中取得较大规模效益的部分应用系统进行完善、对涉及国家安全和维护稳定的部分应用系统进行扩展、新建急需的业务信息系统、地方自行建设和完善满足本地需要的应用系统。

先进地区不断建设和完善五大信息网络：有线通信网、无线通信网、计算机网络、移动警务网、图像监控网。不断建设和完善九大中心：指挥中心、信息中心、图像控制中心、无线调度中心、语音交换中心、计算机网络交换中心、安全认证中心、查询服务中心、网络侦控中心。实现"六化"目标：公安工作数字化、警务指挥扁平化、应急处置可视化、行政办公自动化、信息应用网络化、基础工作信息化。

目前，公安网络基础硬件建设取得了重大进展，公安信息数据库建设已初具规模，相关应用系统的开发和应用进展顺利，在网络安全保障体系方面有了突破性的成果，公安信息标准化体系已基本形成。

（二）我国各地信息化警务工作模式

1. 上海市公安局从2000年起，提出并实施上海公安大情报工作体系建设的总体方案。情报观念为：情报主导、情报投资、情报研判、情报共享。其特征为：情报信息"大采集、大流通、大平台、大系统"。其成果有：开发建设线索型情报系统和舆情资料信息系统，实现犯罪情报信息的广泛采集；构建犯罪情报综合分析平台，发挥现有公安信息资源的整体合力；建立案件时空分析系统，发挥辅助决策、服务实战的作用。

2. 浙江省公安机关通过多年的努力，形成了一套较为成熟的信息化模式，主要表现在以下几个方面：成功构建起了浙江省"打、防、控"综合信息平台，形成了全省统一的数据标准和使用规范，提高了使用效率；将传统的痕迹数据库和"搜神"系统进行整合，构建起全新的网上作战模式；设立专业的犯罪情报分析机构。

（三）当前我国犯罪情报信息工作存在的主要问题与对策

1. 存在的主要问题。

（1）各地犯罪情报信息工作发展不平衡；

（2）收集的犯罪信息中，静态的犯罪信息多而动态的犯罪情报少；

（3）犯罪情报信息的共享性差；

（4）犯罪情报部门的职能不完善；

(5) 情报信息利用模式单一；

(6) 重信息系统建设，轻人才建设。

2. 基本对策。

(1) 转变观念，加大投入，加快情报信息工作的基础建设；

(2) 各地应根据具体情况，建立一定数量的动态情报信息库；

(3) 打破情报信息的地域观念，努力实现情报信息的最大范围的共享；

(4) 建立相对独立的情报分析机构，完善情报工作的流程；

(5) 拓展情报信息的来源和渠道，提高情报信息的质量；

(6) 加强对民警的信息收集、利用情报信息技能培训，提高民警的情报意识；

(7) 加强犯罪情报分析人员的队伍建设。

四、我国监狱信息化建设现状

2006年，司法部组织力量，开展调查研究，在反复调研论证的基础上，于2008年制定印发了《全国监狱信息化建设规划》，明确了监狱信息化建设的指导思想、基本原则和主要目标，确定了建设"一个平台、一个标准体系、三个信息资源库、十个应用系统"的主要任务；同年，司法部正式向国家发改委提出全国监狱信息化建设立项。监狱信息化建设规划、立项的顺利完成，为全国监狱信息化建设打下了坚实基础。

推进司法行政信息化建设的总目标是：到2020年，建立网络纵横贯通、信息及时全面、硬件高效集约、技术成熟先进、标准科学统一的司法行政信息化体系，建成全国统一的司法行政数据库、应急指挥体系，建成涵盖司法行政各项业务的"一站式"司法行政信息化综合管理平台，形成综合集成、业务协同、信息共享的司法行政信息化工作格局，实现信息化与司法行政的深度融合，全面建成司法行政信息化升级版，充分发挥信息化对司法行政改革发展的支撑、引领作用，以信息化推动司法行政工作提升到一个新水平。

要建设数字化监狱，以智能管理、精准执法、立体防控的平台建设为主线，切实提高监狱应用系统建设集约化、科学化水平。

充分运用现代信息技术，将分级分押、计分考核、奖励惩罚、提请减刑假释、暂予监外执行及狱务公开等信息资料转化为直观准确、可进行分析研判的数据，全方位提升狱政管理、刑罚执行、教育改造、狱内侦查、生活卫生等工作的信息化水平。

积极开展远程会见、远程医疗等应用模式创新。

加快构建配备达标、先进管用的技术装备体系，努力推动监狱信息化工作提档升级。要加快建设在押罪犯、戒毒人员智能化教育管理平台，建设罪犯、戒毒人员基本信息、指纹、DNA生物特征、改造表现等综合性基础数据库，利用大数据分析技术，研究犯罪心理与行为演变规律，强化分类教育及个别化矫治，提高教育改造科学化水平。

复习与思考

1. 情报导向警务理论的内容有哪些?
2. 警务机制理念对我国的警务制度改革有哪些影响?
3. 我国哪些部门或机构具有情报工作职能?

项目二

犯罪情报分析的认知

任务一 犯罪情报分析的概念

教学目标

在学习犯罪情报分析理论之前,我们首先要了解什么是犯罪情报分析。我们将从语义、现代情报的解释两个方面展开介绍。

理论链接

一、犯罪情报的概念

情报是一个随着历史的发展而不断变化的动态概念,关于情报的定义,国内外学界也有着不同的看法。

（一）情报的语义解释

情报的语义解释是指从字面上对情报加以解释。国内外各种文字中情报一词有消息、情况、报告、报道、知识、见闻、信息传递等含义。《现代汉语词典》解释情报为关于某种情况的消息和报告,多带机密性质。《辞源》（1915 年版）中将情报解释为"军中集种种报告,并预见之机兆,定敌情如何,而报于上官者"。《辞源》（1979 年版）解释为"以侦察手段或其他方法获得有关敌人军事、政治、经济等方面的情况,以及对这些情况进行分析研究的成果,是军事行动的重要依据之一。泛指一切最新的情况报道"。《辞海》解释为"战时关于敌情之报告,曰情报"。

（二）情报的现代解释

随着科学技术的不断发展,系统论、信息论和控制论的相继创立,人们更多地从知识、信息、情报的社会功能角度来认识情报。

知识是人类社会实践经验的总结,是人的主观世界对客观世界的概括和真实反映。知识的获得过程就是一个认识过程,而认识过程是人们不断破译信息的过程。知识包括静态知识和动态知识，静态知识是存储后备用的知识，动态知识是进入人类交流系统中的知识。知识是信息的一部分，即知识是一种特定的人类信息。

情报是经过加工处理并通过交流而发挥特定作用的信息，它是一种传递中的知识。从情报产生和运动规律来看，其具有知识性、有序性、传递性和价值性等基本属性。情报本质上就是知识，没有一定的知识内容就不能成为情报。获取某一情报本身就意味着对事物在认识上的未知度和不定度的减少，人们对情报概念认识的发展从一定意义上说就是围绕着知识范围的扩大而逐渐深化的。有序性是情报的基本属性之一，无论何种形式、何种内容的情报必然是按一定序列排列组成具有相关主题的信息集合。传递性是指情报活动之所以能进行正是利用了情报这种可以被人们传递的特征，自从人类社会有了情报现象以来，人们总是千方百计地寻求最快、最佳、最有效的情报传递方式和方法。从古代的烽火传递、口头传递到邮件传递，直至现代社会的声、光、电技术传递，为情报交流提供了崭新的手段。情报的价值性也称情报的效用性，它是针对其社会效益而言的一种基本属性，任何情报都必须具有解决实际问题的使用价值。

（三）犯罪情报的概念

犯罪情报是指侦查机关为打击、防控犯罪，依法运用公开和秘密方法获取的与犯罪有关的信息及其加工品的活动。这里所说的犯罪信息是指有关犯罪活动的人、事、物以及时间空间等方面的情况和线索；加工品是指对这些情况和线索进行分析归纳的结果。

二、犯罪情报分析

有关犯罪情报分析的概念有几个较具代表性的观点：

观点一：犯罪情报分析是将大量零散的与犯罪有关的信息加以集中、比较和重新组合从而发现新信息的过程。观点二：犯罪情报分析研判是对已有犯罪情报信息的加工和提炼，即通过对已有情报信息的分析研究、综合，揭示刑事犯罪活动的本质、规律、发展趋势及侦查对策。观点三：犯罪情报分析是通过对一切可能的信息进行收集、评估、分析、整合和解析而形成的增值产物，它与其服务对象的要求存在多方面的联系，并且对于决策的制定具有直接和潜在的意义。观点四：犯罪情报分析研判是指运用科学严谨的研究方法，对各种情报线索、零散脱节信息进行深度加工整理与关联，产生一个预测性或判定性结果的过程。其中，分析是研判的基础，研判是分析的升华。观点五：犯罪情报分析研判实质上是对已有犯罪情报信息的一种"加工"和"提炼"，即通过对已有犯罪情报信息的分析、研究、综合，揭示刑事犯罪活动的本质、规律、发展趋势并据此制定侦查对策。

通过上述代表性观点，我们可以发现：一是犯罪情报分析的对象主要指与犯罪有关的情报信息，而且这些情报信息在分析研判之前往往是大量的、零散的、真假混杂、排列无序的;二是犯罪情报分析的目的主要是揭示犯罪活动的本质、规律、发展趋势及侦查对策,对侦查行为和侦查决策具有重大意义;三是犯罪情报分析的方法主要是集中与整合、解析与评估、比较与关联、分析与提炼;四是犯罪情报分析的结论主要是一种预测性或判定性结果,该预测性或判定性结果与最初的情报信息相比,具有增值效益。

结合上述有关犯罪情报分析概念的解释,我们将犯罪情报分析定义为:为了揭示犯罪活动的本质、规律、发展趋势及对策,采用集中整合、解析评估、比较关联、分析与提炼的方法,对与犯罪有关的情报信息进行分析,得出具有增值效益的预测性或判定性结果。

任务二 犯罪情报分析的特点

教学目标

了解犯罪情报分析的基本特点,即专业性、时效性、社会性、秘密性、传递性。

理论链接

犯罪情报是在情报概念基础上的具体化,因此它具备情报的知识性、有序性、传递性、价值性等基本属性。也就是说犯罪情报反映的必须是关于刑事犯罪方面的线索和情况,它必须具有发现、侦查、控制、预防犯罪的效用;它必须是按一定序列排列的具有相关主题的信息集合;它必须能够进行传递和使用。除此之外犯罪情报还具备以下特点:

一、专业性

犯罪情报的专业性是指犯罪情报工作必须由专业的机关以及专业的人员来完成。专业的情报机构是指警察机关内部专门负责犯罪情报工作的部门;专业的犯罪情报人员是具备刑事侦查、犯罪情报分析技能的专业人员。

二、时效性

犯罪情报的时效性主要是由侦查工作的时机性决定的。侦查活动的对立性很强,因而抓住战机十分重要。这就要求为侦查工作服务的犯罪情报活动在各个环节上要做到分秒必争,努力实现抓住战机、主动出击、速战速决的战略思想。另外很多的犯罪情报如果不及时收集就会时过境迁失去其应有的使用价值。

三、社会性

犯罪是一种社会现象,犯罪行为广泛存在于社会的各个领域,这也决定了犯罪情报的社会性。犯罪情报涉及面广、数量大、被侵犯的客体和受害的群众相对较多。这就要求侦查机关在搜集犯罪情报的时候不仅要依靠专门的部门和人员，而且还要依靠广大的人民群众，广泛开辟信息来源，发现和搜集一切与犯罪行为有关的情况和线索。

四、秘密性

犯罪情报的秘密性是由犯罪活动的隐蔽性决定的。无论是预谋案件，还是已经发生危害结果的刑事案件，犯罪嫌疑人一般采用多变隐秘的手法，以达到犯罪目的，逃避侦查，逃避法律的制裁。这就要求侦查部门在搜集、研判、交流、传递、应用犯罪情报时必须具有高度的保密性，一旦泄露就会给侦查工作造成严重的后果。

五、传递性

犯罪情报的传递性是指犯罪情报必须通过某种共同的信号和符号系统，以一定的载体或媒介传递给特定的对象。传递性是犯罪情报的基本属性，没有有效的传递，犯罪情报的效能就得不到有效的发挥。在犯罪情报的整个工作流程中，从搜集各种犯罪信息、采取侦查措施到实施侦查，都是依靠犯罪情报的传递。所以犯罪情报的传递是情报信息发挥作用的有效保证。

任务三　犯罪情报的分类

教学目标

根据不同的标准，犯罪情报可被分为不同种类。知晓从目的、内容、属性、载体、来源五个方面可以把犯罪情报分为哪些种类。

理论链接

犯罪情报在内容、载体、作用等方面各不相同，对情报进行科学的分类有利于充分发挥情报信息的功能，也有利于犯罪情报的管理。

一、按照目的作用不同，可以分为战略性犯罪情报和战术性犯罪情报

战略性犯罪情报，又称宏观情报，是指以制定长期计划和进行资源分配为目的，对全局决策具有重要影响的犯罪情报。战略性犯罪情报是进行犯罪趋势预测和作出犯罪决策的依据，是制定刑事侦查的方针、政策、策略、原则和规则，采取重大侦查措施手段的前提。它在刑事侦查的领导活动中不可缺少，在侦查破案中起着极为重要的作用，它能够为高层领导作出决策，提供战略意义上的指导。在搜集战略性犯罪情报时，应考虑人力及其资源的配合问题。

战术性犯罪情报，又称微观情报，是指一般的、反映局部情况或某一方面情况的犯罪情报，它反映的是侦查活动中较为具体的问题，为侦破具体案件提供有效线索。战术性犯罪情报对于发现犯罪活动，确定侦查重点和方向，划定侦查范围，扩大侦查线索等方面具有非常重要的意义。战术情报是战略情报的基础，在一定条件下战术情报可转化为战略情报。在侦查破案中侦查人员随时随地都在获取战术情报。战术情报对基层执法干警的工作具有一定的指导性和直接指向性，为短期执法目标提供服务。

二、按照内容不同，可以分为人员情报、案件情报和犯罪组织情报

人员情报，是指关于犯罪人和犯罪嫌疑人的情报，一般包含犯罪嫌疑人或犯罪人的基本特征、体貌特征、违法犯罪事实、犯罪手段、危害后果等方面的内容。同时，也可以考虑将能够为案件侦破提供有价值线索的证人、专业人士纳入人员情报的范畴。

案件情报，是指有关刑事案件发生及案件侦查等方面情况的情报。一般包括案件发生情况、现场保护情况、物证的收集情况、物品损失情况、侦查线索等方面的内容。案件情况和人员情况都是犯罪情报系统中主要的文档资料之一。

犯罪组织情报，是指记录已经确定的犯罪组织基本情况、犯罪组织活动情况的综合性情报。

三、按照属性的不同，可以分为资料型情报、线索型情报和预测型情报

资料型情报是指以各种载体形式存储起来能为侦查破案提供依据的情报。它属于静态性情报，是将已经获取的犯罪情报经整理加工后，以卡片、实物、磁带、磁盘等文档形式按一定的规则和系统进行存储，可随时检索使用，如对存储的情报资料与获取的现场情报信息的鉴定进行同一认定，以提供案件侦查的线索、重点和范围。资料型情报被称为二次情报，具有较强的系统性和科学性，对刑事侦查工作有巨大的促进作用。建立资料型情报系统是刑事侦查机关的一项基础业务。资料型情报主要来源于刑事登记的调查统计、刑事罪犯登记、犯罪嫌疑人登记、痕迹物品登记、样品资料登记等。

线索型情报是指能为刑事案件侦查特别是预谋案件侦查提供线索的情报，属于动态性情报。它是开展案件侦查的基础和前提，对于侦破预谋案件尤为重要。线索型情报的主要内容是提供线索，可分为行为线索、语言线索和物证线索。线索型情报的来源是现场勘察、调查、访问群众、揭发举报、守候监视、跟踪盯梢、情报交流、治安管理、审讯犯罪嫌疑人等。线索型情报有一定的模糊性和或然性特点，所以必须进行认真的分析、判断、鉴别，以提高情报的准确度。

预测型情报也被称为决策性情报，是指为预测犯罪趋势所必需的犯罪情报，例如各类形式统计数字、情况报告、典型报告以及各种与犯罪活动相关的社会情报。预测型情报是制定战略和战术决策的依据。

四、按照载体的不同，可以分为文字情报、实物情报和声像情报

文字情报是指使用文字记录下来的情报资料，比如各种罪犯档案、犯罪情报资料卡片等。文字情报有利于存储和传递交流，是人类情报活动发展到一定阶段的产物，是犯罪情报资料的主要形式之一。

实物情报是指以各种实物作为传递和存储载体的情报，如犯罪现场遗留物、作案工具、被盗物品及样品资料等。实物情报既是发现犯罪嫌疑人的重要途径，也是认定犯罪行为的重要证据。实物情报往往受时间或条件的限制，存储和传递时有较高的要求，以防止实物被自然或人为破坏。

声像情报是指用声音及图像进行传递和存储的情报，如录音带、录像带、数字音频、视频、数字相片及胶卷等。声像情报形象真实，便于采用，在刑事侦查活动中具有很高的使用价值。

五、按照来源不同，可以分为内部情报和外部情报

内部情报是指警察部门内部在日常管理和刑事案件侦办过程中所获得的与犯罪有关的各种人员、线索等方面的信息。

外部情报也称社会情报，是指社会组织在日常管理过程中所获得的，对案件侦破有一定帮助的相关信息。社会组织具有多样性和复杂性，所掌握的信息也非常多样，如电信部门所掌握的通信信息，金融机构掌握的信贷存储信息，交通部门所掌握的车辆出行信息，物流公司所掌握的快递信息，等等。

复习与思考

1. 犯罪情报分析的概念是什么？
2. 犯罪情报分析的特点是什么？
3. 犯罪情报有哪些分类？分类标准是什么？

项目三
犯罪情报分析的工作流程

任务一　确定犯罪情报分析目标

教学目标

了解犯罪情报分析目标确定的依据。

理论链接

确定分析目标是整个犯罪情报分析的起始环节。根据不同的分析目标，在后续情报搜集工作中的重点有所不同。根据犯罪情报分析的分类，在目标确定上我们一般设定战略性犯罪情报分析目标和战术性犯罪情报分析目标。战略性犯罪情报分析目标主要是为上层领导制定政策、工作计划、决策等层面的任务提供犯罪情报信息支撑，如过去5年某犯罪情况统计数据，为犯罪预防政策制定提供依据。战术性犯罪情报分析目标主要是在具体警务工作中，根据情报需求对象的要求，搜集、查找某一个或某一类犯罪情报信息，如分析某犯罪嫌疑人的乘车轨迹，查询犯罪嫌疑人的相关关系人等具体信息。

分析目标的确定意味着警方须事先对违法犯罪进行分类，确定重点问题或重点对象，并针对重点问题及对象确定信息收集的重点内容，明确收集的方向，制定控制策略。2004年，在美国新泽西州进行的一项警察机构调研表明，州内有148个团伙，其中近30个是百人以上团伙。新泽西州警方对形势开展战略性评估，并迅速采取代号"九连环"行动，于2006年7月25日逮捕了60名团伙成员。在这起"九连环"行动中，利用广泛的信息源开展研判，获得一个客观、前瞻和针对性的成品，以此影响政策并确定战略目标，做出资源配置决策，是行动获得成功的关键要素。情报收集则须严格制定收集标准，确保入库信息的规范性、统一性；同时还须注意情报收集的广泛性，不仅要收集各类警务信息，还要广泛采集与警务工作密切相关的各种信息，如公民的健康状况信息、金融资料信息、财产信息、涉枪涉爆等方面的信息，以最大限度地占有、利用社会信息资源。

任务二　犯罪情报搜集

教学目标

了解犯罪情报搜集的基本原则，掌握犯罪情报的来源。

理论链接

一、犯罪情报搜集的原则

（一）合法性原则

合法性原则是指搜集犯罪情报必须在法律法规和政策允许的范围内进行，严禁扩大搜集对象的范围，严禁侵犯公民的个人自由及民主权利，使用特殊方法收集犯罪情报时应严格履行审批手续。

（二）客观性原则

客观性原则是指搜集犯罪情报时要按实际情况进行操作，犯罪情报是否真实可靠，对于整个犯罪情报工作系统的影响是巨大的。所以在犯罪情报搜集时要绝对保证犯罪情报搜集内容的客观准确性，切忌主观臆断、道听途说。这对于资料型犯罪情报的搜集，尤显重要，特别是在体貌特征的描述中一定要抓住细节，突出稳定特征与特殊特征。犯罪情报的搜集只有客观、真实、准确、可靠，才能真正发挥犯罪情报的作用。

（三）及时性原则

犯罪情报本身具有时效性和老化性的特点，这些特性要求犯罪情报的搜集必须做到快速及时。这既是侦查工作的客观要求，也是犯罪情报属性的要求。因此，犯罪情报搜集工作必须立足于快，在快字上下功夫，及时获取情报，及时形成资料，及时传递使用。尤其在侦破大案要案暴力犯罪和预谋犯罪过程中，必须尽快搜集犯罪情报，做到快速反应。

（四）全面性原则

所谓全面性原则，是指犯罪情报的搜集工作应尽可能地做到全面完整。犯罪情报具有社会性的特点，意味着犯罪情报的来源广泛，这就要求在情报的收集过程中必须在情报的广度和深度上下足功夫，做到全面完整。广度方面，要求把所有属于情报搜集的对象和应收集的内容都收集齐全，以保证种类齐全，内容全面准确，并形成体系。深度方面，要求把每一份情报资料项目中的内容不遗漏地收集齐全，做到每一项内容真实可靠，并能完整地反映出事物间的有机联系。

二、犯罪情报的来源

根据犯罪情报的载体或存在形式的不同，可以将犯罪情报源分为如下几类：

（一）人力情报源

人是最基本的情报来源，每个人都可以成为某些情报的来源，从刑事侦查角度来看，人力情报源包括人员对象情报源、人员本体情报源和人际网络情报源。人员对象情报源是指能为公安机关提供情报的情报信息、人员和具有情报价值的工作对象等。人员本体情报源是指人这一个体在生物特征、大脑思维、语言表现、体态信息传递和行为动作等方面所能提供的可能与犯罪有关的线索和情况，包括人的生物特征情报源等。人际网络情报源是指从各种人际关系中获取情报的来源。就公安机关而言，包括公安机关内部人际网络情报源和公安机关外部人际网络情报源等。

（二）网络情报源

网络情报源是指以计算机网络作为情报的来源。近几十年来计算机网络飞速发展，互联网是其中的代表，互联网将世界范围内的各个国家、地区、部门和各领域的信息资源整合为一体，组成庞大的电子资源数据库系统，供全世界的网络用户共享。因此，在多种网络中获取犯罪情报已成为一种重要方法，网络情报源可以具体分为数据库情报源、文本情报源、web情报源、多媒体情报源等。

（三）实物情报源

实物情报源是指以实物为情报载体的犯罪情报源。实物情报源与犯罪行为密切相关，据以揭露证实犯罪的各种痕迹、物品，犯罪现场的态势等都是犯罪情报的物化形式，这类情报通过提取、观察等形式进行传播和交流。

实物情报源具有情报真实可靠、内容丰富、存在多等方面的优点。实物情报有显性和潜在之分，显性的实物情报容易获取，潜在的实物情报挖掘常常受到各种因素的限制，隐藏在实物中的情报源需要经过分析、研究才能解析出其含有的情报。例如，只有对作案人遗留在现场的足迹、指纹的形态及数量等进行分析研究，才有可能解析出其性别、年龄、身高、作案过程及作案人数等信息。

实物本身就是一种诉讼证据，同时通过对其分析研究，可以提供侦查范围、侦查方向信息，因此是情报的重要来源。实物情报源还可以通过文字、绘图、摄影、录像等方式加以记录固定形成文献情报源。另外，由于实物情报源载体无统一的规格，因此其收集、保管、存储、传递都受到一定的限制。从实物对侦查的意义和作用不同来划分，极可能的证据表现形式有样品情报源、文书情报源和其他实务情报源等。

（四）文献情报源

文献情报源是各类资料情报源和档案情报源的总称，图书、期刊、报纸等各类资料都是犯罪情报的重要来源，也是交流传播犯罪情报的基本手段。文献情报源具有便于广泛传播、系统积累、长期保存和直接利用等优点。

资料情报源可以分为公安业务资料情报源和非公安业务资料情报源。公安在维护稳定、打击犯罪、治安管理、服务群众和开展队伍建设等日常经营活动中必然会产生有关人员案件、物品机构证据和图像声音等各种零散的信息资料，将这些资料按照统一规格加以集中、分类、整理、存储和检索就形成了比较系统的综合性的利用，并能满足多种需求的信息资料库公安业务资料情报源。这些公安业务资料情报源由各种公安业务信息资料长期保存积累而成，可为公安机关提供跨地区、跨部门的综合业务查询，开展跨部门、跨系统的数据统计分析，为领导和业务部门决策提供服务。非公安业务资料情报源，是指除公安机关以外的其他机构所形成的业务资料，如工商、税务、城管、卫生医疗、教育等各行各业、各种机构业务所形成的资料库成为犯罪情报的来源。

档案情报源与资料情报源类似，也可以分为公安档案情报源和非公安档案情报源两类。与资料情报源相比，档案情报源是各机关机构在职能活动中直接形成的历史记录，它所记录的内容真实、原始、详尽，客观地记录和反映相关工作、活动的过程，具有极大的权威性，同时，档案保存着各种文书材料，资料齐全、完整统一，一旦工作需要某一方面的材料，一查便可获得。

任务三　犯罪情报的整理

教学目标

熟悉犯罪情报整理的基本原则。

理论链接

使用各种手段和方法、通过各种途径搜集的情报，往往是大量、零散、杂乱无序的。这不利于对情报进行分析研究、存储检索、传递使用，要充分发挥犯罪情报的作用就必须克服情报的混乱与人们对情报需求高度选择性的矛盾，对犯罪情报进行科学的整理。

情报整理是指将通过各种途径和使用各种方法搜集到的大量无序的情报信息，按一定的规则进行分类登记加工，使用标准化的情报检索语言对情报的内部特征和外部特征进行规范化控制和表述，最后以某种载体形式储存到系统之中。犯罪情报整理是一个相当复杂的工作和过程，它涉及面广，专业程度高，要求有一定的设备条件和较高的人员素质条件。

犯罪情报整理应当遵循如下原则：

1. **标准化原则。** 标准化原则要求在情报整理过程中必须遵循一定的规范和准则，符合权威机关规定的统一规格程序，否则将给犯罪情报的存储、检索、传递和使用带来混乱。

2. 程序化原则。犯罪情报的整理必须按一定的程序和步骤进行。一般来说，在不同形式的公安情报检索系统中情报整理的程序和方式也不尽相同。

3. 快速检索原则。犯罪情报的整理必须适应对情报系统的快速检索的要求，根据刑事侦查工作的特点和犯罪情报使用的时效性的特殊要求，必须建立一个反应迅速、高效率的情报检索系统。公安情报的整理，是能够有效建立起这样的系统的基础工作，对整个系统的影响极大。为了提高公安情报整理、快速检索的适应性，必须把整理过程中的各个环节建立在科学的基础上。

4. 增、删、改原则。整理后的公安情报资料、系统，应便于扩充，在内容上便于增加、删除和修改，在情报载体和存储设备上，便于维护和更新，这是保证犯罪情报工作的连续性，克服情报资料老化，使之始终具有生命力和实用性的重要保证。为了便于情报整理后的增、删、改，在整理的准备阶段就应全面考虑，结构设计时应考虑留有一定的余量，选择设备时要考虑设备的容量及未来的更新、转化等。

5. 复查、验收原则。犯罪情报的整理是一项复杂细致的工作，稍有误差就会造成情报系统的混乱，导致存储和检索的脱离。所以在犯罪情报整理后期应建立复查验收制度，这是保证整理质量的重要一环。不符合质量标准的情报资料绝对不准纳入犯罪情报系统。

任务四　犯罪情报的存储

教学目标

掌握犯罪情报存储的基本形式。

理论链接

犯罪情报的存储是指将经过整理的情报信息，以一定的形式、按一定的规则进行有序存放的过程。犯罪情报存储的意义在于固化和保存犯罪情报，并且使犯罪情报资料在共建空间排序上有序化，以便适应快速准确进行检索的需要。

犯罪情报的存储是犯罪情报工作中的重要一环，存储工作的优劣直接影响着犯罪情报检索效率，决定着整个情报能否发挥应有的作用。因此，在存储过程中，需要充分发挥情报工作人员的主观创造性，而且需要采取科学的存储方法、先进的科学技术。

情报信息与物质载体的依存关系决定了犯罪情报存储必须借助于某种形式的物质载体。犯罪情报存储采用以下几种形式：

1. 纸质介质存储。纸质介质存储是指将犯罪情报以文字符号和图形的方式加以表述并且记录在纸质上，然后进行存储的一种形式。这是一种最原始的存储情报资料的方法，也是目前手工存储中最常见的方式。随着犯罪情报工作现代化的不断发展，用于情报存储的纸质介质将会逐渐减少，取而代之的是各种新的存储形式。

2. 实物存储。实物存储是以与各类犯罪情报的实践活动有关的各种物品作为存储介质，直接存放起来的一种存储形式。样本资料和犯罪现场的痕迹，通常采用实物存储的方式，实物存储包括实物的原始记录。

3. 声像资料存储。声像资料存储是指利用声像技术存储情报的一种形式，其采用摄影、录像、录音等技术将情报内容记录在胶卷、录音带、录像带等存储介质上。

4. 电子计算机存储。使用电子计算机存储犯罪情报是国内外广泛采用的一种存储形式，由于计算机具有存储量大、处理信息能力强等突出特点，所以它是存储犯罪情报资料的理想介质。

5. 云存储。基于纸质介质存储的易损耗性以及电子计算机存储的量过于庞大，无法满足现实的需要，所以出现了云存储这种形式。云存储是利用计算机技术将情报资料存储于虚拟的云端，有需要时进行下载拷贝使用的一种存储方式，该种方式不受时间、存储量等的限制。

任务五　犯罪情报的分析

教学目标

掌握犯罪情报分析的基本方法，能够熟练使用定性分析方法和定量分析方法对搜集到的情报进行有效性和有用性分析。

理论链接

犯罪情报分析是指犯罪情报分析人员运用科学的研究方法，将各种来源的有关刑事犯罪活动的信息进行综合加工取得新的情报成果的专门工作。

犯罪情报分析与研究立足于犯罪的打击、防范与控制，从大量的与刑事犯罪活动有关的信息出发，从现有的犯罪情报资源出发，从犯罪统计数据出发，运用分析、鉴别、整合、重组及推理判断等情报分析特有的方法，对于犯罪情报这一特殊的社会现象及其影响进行全面深入的研究。犯罪情报分析是犯罪情报工作的深入，是刑事侦查活动中较高层次的工作。通过对犯罪情报的分析与研究，可以提高侦查破案工作的有效性，可以揭露犯罪现象的本质和规律，预测犯罪发展趋势，从而提高打击犯罪、预防犯罪、控制犯罪的主动性。犯罪情报分析的成果，对犯罪情报工作的其他环节，如犯罪情报的搜集、整理、存储、检索和运用，也有着极为重要的指导意义和参考价值。

犯罪情报的分析以发现问题、启发思路、预测未来、提出建议和辅助决策作为其基本目标。在刑事侦查活动中，犯罪情报分析与研究可以分为两个层次，战略层次和战术层次。

战略层次的犯罪情报分析是以研究犯刑事犯罪的现状、预测犯罪发展趋势为中心而开展的犯罪情报研究。它侧重于分析研究犯罪率升降的变化特点及演变规律，刑事犯罪的主体和客体的构成状况及变化规律，犯罪区域的分布变化和趋向，各类刑事案件的状况变化趋势及手段和特点，新型犯罪的趋势等。战略性犯罪情报分析研究为制定刑事侦查中具有全局性、长远性、根本性的决策服务。

战术性犯罪情报分析是以特定的刑事案件及犯罪人或犯罪嫌疑人为中心，开展犯罪情报研究。它主要为侦查破案、打击预谋犯罪服务，侧重于分析研究犯罪嫌疑人在作案手段上的特点及规律性；犯罪嫌疑人在选择作案时间、作案目标、对象等方面的特点及规律性；犯罪嫌疑人在作案前的准备活动上的特点及规律性；犯罪嫌疑人个体的识别特征及可能的行动行踪及其同伙和交往人员的特点与规律性；案件侦查的成功经验与失败教训；等等。

犯罪情报的分析方法分为定性的分析方法和定量的分析方法两大类。

一、定性分析

定性分析法是指在大量资料和有关信息中找出研究对象本质属性及内在联系的方法。定性分析主要有逻辑推理法、对比分析法、因果关系分析法、综合分析法等基本方法。

（一）逻辑推理法

逻辑推理法是指由已知事物推断出未知结果的一种思维方法，是根据已知情况通过因果关系或其他相关关系，逐步推导出结论的方法；是一种由此及彼、由已知到未知的研究方法。常用的逻辑推理法有演绎推理和归纳推理两种。

演绎推理法是指从一般的已知判断推导出特殊性的新判断的推理方法，其前提的真实性可以确保推理的真实性，是一种必然性推理。

归纳推理是指从多个特殊性的已知判断中推导出新的一般性的判断推理方法。它是一种从特殊到一般的推理方法，前提的真实性并不能确保一般性的推论的真实性，是一种或然性推理，但是正确的前提判断越多得到的结论越可靠。

（二）对比分析法

对比分析法是犯罪情报分析中最基本的方法之一，它将两种以上具有共性的事物或同一事物的各个方面及不同的发展阶段进行相互对比分析，从而得出某一结论。所谓对比，就是确定事物同异关系的思维过程，它根据一定的标准，把彼此有某种联系的事物加以对照从而确定其相同或相异，以便对事物作初步分类和深入分析。运用对比分析法研究犯罪情报，可以发现问题、提出问题，扩大线索，推动研究工作的开展，也可以帮助选择结论进行决策,促进研究成果的形成。使用对比分析法进行犯罪情报分析应当注意,首先要明确对比范围,根据犯罪情报分析的目标确定对比的范围;其次要注意研究对象的可比性。

(三)因果关系分析法

因果关系分析法是利用某些事物之间存在的因果关系进行逻辑推理的一种情报分析方法。它既可用于预测,也可用于论证。刑事犯罪是一种复杂的社会现象,任何一起刑事案件中都存在着有关人、事、物在因果关系上的内在联系,搜集反映因果关系的公安情报,研究作案后果与作案动机、作案原因及它们之间的关系,是侦查破案的重要途径。公安情报分析中运用因果关系分析法,可以从已知的原因推测未知的结果,也可从已知的结果探求未知的原因。这个过程是认识不断深化,最终发生质变的过程。

(四)综合分析法

综合分析法是犯罪情报分析中常用的一种方法,这种方法是在广泛收集犯罪情报的基础上就某一研究对象人员情报等进行全面的综合分析,同时考虑社会、经济、政治、思想、教育、道德等各方面因素的一种综合性的研究。这种研究方法常用于分析敌情、预测犯罪趋势、总结工作或进行某些特定的专题调研。

二、定量分析

定量分析法是将数学统计方法用于犯罪情报分析与研究中的方法。随着犯罪情报分析与研究领域的拓宽和信息资源的扩大,信息量急剧增长,原有的定性分析已不能适应工作需求,在犯罪情报分析与研究中越来越多地用到了数学方法。

统计分析法是定量分析法中最常用的一种方法,它对通过统计方式获得的各种数据资料,按照一定的目的进行分析、判断与推理,从而对违法犯罪本质与规律产生新的认识。利用统计分析法进行犯罪情报分析与研究首先要以定性分析为基础。统计分析法在犯罪情报分析与研究中有着广泛的应用前景,除了目前在犯罪情报分析与研究中经常应用的总数平均数、简单的回归等统计方法以外,相关分析、聚类分析、路径分析、因素分析等统计分析方法,在犯罪情报分析与研究中都有其适用领域。

任务六 犯罪情报的传递和应用

教学目标

掌握犯罪情报传递的方式和应用范围。

一、犯罪情报的传递

犯罪情报的传递是指借助某种共同的符号或信号系统将犯罪情报由发出者向接受者传递的过程。情报传递是犯罪情报工作的重要内容和不可缺少的工作环节。传递性，是情报的基本特征，没有有效的犯罪情报传递，就不可能发挥犯罪情报的效能。情报在传递过程中得到增值，这是显而易见的，这是科学发展、社会进步的一个重要因素。虽然，情报传递本身并不会增值，但是通过用户实体对情报所含内容的开发，情报即会增值。

犯罪情报传递的方式是指犯罪情报传递的方法和样式。根据方法样式的不同，有不同的分类。情报传递的方式有如下种类：

（一）人力传递

人力传递是指通过人与人的联系和交接，实现犯罪情报传递的方法。人力传递依靠的是人与人的直接沟通和联络，交接既可以是犯罪情报内容，也可以是负载有犯罪情报的物质载体。人力传递的优点是保密性和安全性高，不足主要是传递速度慢、效率低。人力传递主要包括口语传递、暗示传递和载体交接传递三类。

（二）技术传递

技术传递是指利用现代计算机和通信技术手段实现犯罪情报传递的方法。技术传递依靠光、电信号为载体转化、传递、还原犯罪情报，在犯罪情报传递过程中，具有容量大、速度快、时空受限小的特点。技术传递主要有电话传递、电台传递和网络传递三类。

（三）声像传递

声像传递是指以特定的声音和图像作为犯罪情报的存在样式进行传递的方式。特定的声音和图像因为记录了犯罪情报成为犯罪情报的载体，从而成为传递的对象。声像的传递通常要借助技术手段对原件进行复制和传递，随着技术的发展，声像的保真度越来越高，声像传递应用也越来越广泛。

（四）实物传递

实物传递是指以特定的物体作为犯罪情报的存在样式进行传递的方式。特定的物体通常表现为犯罪现场实物证据或者记录犯罪痕迹的相关物品，物体与犯罪情报融为一体不便分割。实物传递要强化对实物的保护，确保实物保持原始状态。一般情况下多采用人力传递的方法。实物情报通常也会通过刑事摄影对实物所记录的犯罪信息进行固定，从而采用双向传递的方法进行传递。

二、犯罪情报的应用

犯罪情报的应用是指在犯罪情报分析研判的基础上,对获取的犯罪情报进行再分析研究,服务决策,并应用于预防、打击和控制刑事犯罪的实践活动中,以解决实际问题的过程。

从性质来看,犯罪情报的应用是犯罪情报工作的目的和归宿,是建立在整理、存储、检索、分析研判和传递等一系列工作基础之上的综合的实践运用,这一系列工作的目标和动力也是这一系列工作整体运行的结果和体现。从地位来看,犯罪情报的应用在犯罪情报工作的建设和发展中占据重要地位,既是衡量犯罪情报工作整体质量效益的标准,也是推动犯罪情报工作不断发展和进步的动力。从作用来看,犯罪情报的应用也是发挥情报主导警务战略作用的关键,情报主导警务战略作用的发挥实际是将犯罪情报应用于犯罪预防打击和控制活动中的结果,即以犯罪情报主导警务决策转化为具体的警务资源调配和战略战术行动,更好地实现犯罪预防、打击和控制效益。犯罪情报的应用效果直接制约情报主导警务战略的有效实施和作用的发挥。

复习与思考

1. 犯罪情报搜集的原则是什么?来源有哪些?
2. 犯罪情报整理的原则是什么?
3. 犯罪情报存储的形式有哪些?
4. 犯罪情报分析的方法有哪些?
5. 犯罪情报传递会使用哪些手段?

能力训练

训练项目一:信息采集

一、训练目的

通过全方位、多层次、高覆盖的信息采集工作,将通过笔记、心记等传统的方法或计算机、录音笔、数码相机等工具获得的信息,进行收集、归纳、整理,形成海量信息资源,为警察部门服务。

二、任务要求

学生2~3人一组,根据情报信息的来源,选择不同的信息采集方法和途径,按照规范性、客观性、时效性原则,对信息进行采集,完成实训报告。

三、训练内容

材料：林某某与黄某均为复旦大学上海医学院 2010 级硕士研究生，分属不同的医学专业。2010 年 8 月起，林某某入住复旦大学某宿舍楼 421 室。一年后，黄某调入该寝室。之后，林因琐事对黄不满，逐渐怀恨在心。2013 年 3 月 29 日，林某某在大学宿舍听黄某和其他同学调侃说愚人节将至，想做节目整人。林某某看到黄某笑得很得意，便联想起其他学校用毒整人的事件，便计划投毒"整"黄某，让黄某难受。3 月 31 日下午，林某某进入复旦大学附属中山医院 11 号楼 204 影像医学实验室，盗取剧毒化学品二甲基亚硝胺原液的试剂瓶和注射器。3 月 31 日 17 时 50 分许，林某某携带上述物品回到 421 室，趁无人之机，将试剂瓶和注射器内的二甲基亚硝胺原液投入该室饮水机内，后将试剂瓶等物装入黄色医疗废弃物袋，丢弃于宿舍楼外的垃圾桶内。4 月 1 日 9 时许，黄某在 421 室从该饮水机接水饮用后，出现呕吐等症状，即于当日中午到中山医院就诊。4 月 2 日下午，黄某再次到中山医院就诊，经检验发现肝功能受损，遂留院观察。4 月 3 日下午，黄某病情严重，转至该院重症监护室救治。4 月 16 日，黄某经抢救无效，于当天下午 3 点 23 分在上海中山医院去世。经法医鉴定，黄某系因二甲基亚硝胺中毒致急性肝坏死引起急性肝功能衰竭，继发多器官功能衰竭死亡。

结合案例，对本案中涉案的犯罪嫌疑人基本信息、案发经过、犯罪工具等相关信息完成信息的采集。

四、要点提示

1. 信息采集的方法可以分为直接采集和间接采集。直接采集是指通过实地调查、采访、亲身经历、目睹获得第一手采集资料的方法；间接采集是指通过某种介质或载体间接获取信息的方法。信息采集最常用的几种途径主要包括群众报警、入户走访调查、案件现场勘查、利用信息网络收集、利用社会化手段收集等。

2. 信息采集的内容包括人员情报搜集和案件情报搜集。人员情报搜集的内容由本人基本情况和体貌特征构成。本人基本情况包括姓名、性别、别名、绰号、年龄、民族、籍贯、职业、文化程度、单位、身份证号码等；体貌特征包括一般相貌特征、特殊体貌特征、体表标记。案件情报搜集的内容主要有发案情况、作案规律特点、物品损失情况、物证情况。发案情况包括案件类型、时间、地点、事主姓名、伤亡情况、物品损失情况；作案规律特点包括选择时机、处所、对象、作案手段、作案特点；损失物品情况包括品名、类型、产地、样式、颜色、价值、明显特征；物证情况包括物证名称数量、痕迹名称、工具数量及特征等。

训练项目二：信息录入

一、训练目的

信息录入是指将采集到的各种形式的信息，按照应用系统的要求进行录入的过程。民警在工作过程中采集的信息，必须及时录入信息系统之中，即使部分信息依托计算机保存，但若不及时录入信息系统，仍是单机存储，无法实现信息规范管理、共享应用的目标。通过信息录入可以将搜集到的信息录入信息系统，形成数据库，完善信息资料。

二、任务要求

学生2人一组，依据及时性原则、准确性原则、完整性原则，将采集到的信息按照数据系统的要求，录入模拟信息系统。

三、训练内容

将训练项目一中采集到的涉案人员信息、案件信息录入案件管理系统，形成案件数据库。

四、要点提示

1. 信息录入流程包括整理、输入、核查三个环节。整理是指对采集到的信息，在录入信息系统之前进行整理。这个过程是针对应用系统的具体项目录入要求，对信息进行录入前的分析和完善，对于达不到录入要求的信息，要进行补充采集。输入是指把采集的信息项目逐一录入信息系统的具体表单里，在录入过程中一般是按照顺序录入，对于一些可以用来提取复用的数据字段，可以优先录入。核查是指输入结束后，应当对输入的内容进行检查，确定无误后再提交入库，对于重要的基础数据，在提交入库后还可以通过查询的方式将数据调出予以核查，发现错误及时更改。

2. 录入方法上可以使用键盘和鼠标录入，也可以使用读卡器、扫描仪等专业信息装备。

训练项目三：信息检索

一、训练目的

使用模拟数据系统进行相关信息查询，检索与用户检索条件相匹配的记录，按一定排列顺序得出检索结论，满足用户掌握完整信息的需求。了解和掌握数据系统的查询方法，熟悉数据库的基本功能、访问方式、登录和查询过程。通过训练，熟悉搜索引擎的使用，熟悉数据系统信息检索功能，熟练使用检索功能进行信息的检索和应用。

二、任务要求

组织学生上机实训，通过各种搜索引擎进行信息检索。

三、训练内容

设定检索目标，利用开放的信息系统或内部信息系统，对所需情报信息进行搜索。

四、要点提示

利用搜索引擎进行检索，常用的检索方法有关键词检索、分类检索、热点检索、相关词检索、高级检索、二次检索。

训练项目四：杀人案件情报分析

一、训练目的

根据案情介绍，按照情报分析的方法和原则进行案情分析，训练学生的逻辑思维能力、发散思维能力，通过对案件的深入、多维、关联分析，最终形成案件侦查方案。

二、任务要求

学生6人为一小组，开展小组讨论，得出案件侦查方案。

三、训练内容

材料：2018年8月27日晚，刘某龙驾驶宝马轿车在昆山市震川路西行至顺帆路路口，与同向骑自行车的于某明发生争执。刘某龙从车中取出一把砍刀连续击打于某明，后被于某明反抢砍刀并捅刺、砍击数刀。刘某龙身受重伤，经抢救无效死亡。

案发当晚，刘某龙醉酒驾驶宝马轿车搭载3人，沿昆山市震川路西行至顺帆路路口时，向右强行闯入非机动车道，与正常骑自行车的于某明险些碰擦，双方遂发生争执。刘某龙先下车与于某明发生争执，经同行人员劝解返回车辆时，刘某龙突然下车，上前推搡、踢打于某明。虽经劝架，刘某龙仍持续追打，后返回宝马轿车取出一把砍刀，连续用刀击打于某明颈部、腰部、腿部。击打中砍刀甩脱，于某明抢到砍刀，并在争夺中捅刺刘某龙腹部、臀部，砍击右胸、左肩、左肘，刺砍过程持续7秒。刘某龙受伤后跑向宝马轿车，于某明继续追砍2刀均未砍中，其中1刀砍中汽车（经勘查，汽车左后窗下沿有7厘米长的刀痕）。刘某龙跑向宝马轿车东北侧后，于某明返回宝马轿车，将车内刘某龙的手机取出放入自己口袋。

民警到达现场后，于某明将手机和砍刀主动交给处警民警（于某明称，拿走刘某龙的手机是为了防止对方打电话召集人员报复）。经鉴定，该刀为尖角双面开刃，全长 59 厘米，其中刀身长 43 厘米、宽 5 厘米，系管制刀具。刘某龙逃离后，倒在距宝马轿车东北侧 30 余米处的绿化带内，后经送医抢救无效于当日死亡。经法医鉴定并结合视频监控认定，在 7 秒时间内，刘某龙连续被刺砍 5 刀，其中，第 1 刀为左腹部刺戳伤，致腹部大静脉、肠管、肠系膜破裂；其余 4 刀依次造成左臀部、右胸部并右上臂、左肩部、左肘部共 5 处开放性创口及 3 处骨折，死因为失血性休克。于某明经人身检查，见左颈部条形挫伤 1 处，左胸季肋部条形挫伤 1 处。

四、要点提示

1. 侦查力量的组织和分工。

2. 查明案情需要采取的措施，包括现场勘查的组织分工、调查范围的推进等。

3. 确定侦查方向和侦查范围。

4. 对案情初步分析和判断，内容包括案件性质、作案时间和地点的判断，作案人数及特点的分析，作案手段、方法的判断，作案过程的分析等。

5. 需要其他有关方面配合的各个环节如何紧密衔接。

6. 遵循侦查的相关制度和规定，侦查工作实行统一指挥、协同作战，各项工作必须狠抓落实，防止遗漏，发现线索及时报告。

项目四

犯罪情报分析方法

任务一 定性分析方法

教学目标

了解定性分析方法的概念、工作步骤,掌握定性分析方法的类型。

理论链接

世界上的万事万物,都是质和量的对立统一体。质是具有一定量的质,量是具有一定质的量,有质无量或有量无质的事物是不存在的。调查研究是认识客观事物、寻找客观事物发展规律的活动。因此,在调查收集资料的基础上,必须既要对资料进行定量分析,又要对资料进行定性分析。只有这样,才能达到调查研究的目的。

一、定性分析概述

定性分析法是对构成事物"质"的方面的有关因素进行理论分析和科学阐述的一种方法。虽然,定性分析法和定量分析法是从不同角度、不同层面对某一社会现象进行分析和阐述。但是,定性分析的作用是定量分析所不能代替的。定性分析在社会科学研究中的重要作用可以从下述三方面来分析:

1. 定性分析是定量分析的基础和前提。因为,科学的使命在于探索事物的本质,而事物量的规定性是受质的规定性制约的,只有表现质的量才是具有认识意义的量。所以定量分析应把定性分析作为自己的前提基础,并接受其指导。

2. 定性分析能够克服定量分析的局限性。许多社会现象和社会行为是无法用数理统计或概率论来加以科学解释的。即使某些社会现象或社会行为可以通过统计技术进行定量分析,但如果没有马克思主义理论指导下的科学的定性分析的参与,只是孤立地研究社会现象或社会行为的数量方面,强调统计数字的意义,社会研究就可能导致只见树木、不见森林的片面观点。

3. 定性分析有助于保证定量分析方法的科学性。这是因为在对社会现象和社会行为的研究中往往会出现这样的情况：数量的大小或变化有时并不能够完全反映事物的真实差别和关系。

二、定性分析的工作步骤

调查资料的定性分析是归纳和演绎交替进行的过程。这个定性分析过程一般要经过资料审读、知识准备、制定分析方案、资料分析等步骤。

第一步是资料审读。资料的审读就是对用于分析的全部调查资料进行认真的审查和阅读。在审读时，要对访问（或观察）记录的反映调查对象实际情况的调查资料做好甄别事实、按问题分类、选取有意义的事例等工作，为定性分析做好事实准备。

第二步是知识准备。知识准备主要是指用于定性分析的有关知识准备。实际上，这种知识准备主要是有关理论的进一步学习。因为，在调查研究和实地调查中，都会涉及并准备一定的理论，所以这一阶段则是"进一步"准备的问题。

第三步是制定分析方案。制定分析方案即是指整体性考虑分析什么材料、用什么理论、从什么角度对调查研究材料进行解释。当然，资料的审读和知识的准备过程也是设计分析方案的过程，但完整的分析方案的形成一般是在前两步之后。

第四步是资料分析。资料分析即根据分析方案对调查研究材料进行研究和解释。当研究资料证明了研究假设时，要从理论上阐明两者一致的意义。要从理论上探讨和解释为什么研究假设被证明，并根据研究资料和理论提出新的问题和研究假设。

三、定性分析的基本方法

（一）比较分析法

比较分析法（简称比较法或比法）是把两个或两类事物相对比从而确定它们的相同点和不同点的逻辑方法。客观事物是互相联系又互相区别的，万事万物之间总是既有共同点，又有不同点。这种存在于事物中的异同点，是进行比较分析的客观基础。对一个事物是不能孤立地去认识的，只有把它与其他事物联系起来加以考察，通过比较分析，才能在众多的属性中找出其本质的属性和非本质的属性，才能确定属于同类事物的本质属性是什么，进而用概念的形式固定下来。比较分析是调查研究中经常运用的一种主要方法，一般地讲，有以下几种情况：

1. 纵比分析。纵比分析是对对象自身发展过程中不同阶段的状况加以对照，以确定对象阶段特点的思维方法，是比较同一现象在不同时间内的具体状态、特征的方法。

2. 横比分析。横比分析是对处于不同空间位置的两个事物进行对照，确认对象与参照物之间的异同关系，从而把握对象本质的思维方法。

横比分析主要有两种情形：一是平均分析。即根据平均数之性质，分析其原因，从中引出实事求是的结论。二是差异分析（又称求异法）。即根据差异数的性质，比较分析造成事物差异的原因或判断差异的后果。差异分析是在平均分析基础上的继续。

3. 类比分析。类比分析（亦称类比法或类比推理）是以两个事物具有某些相同属性的判断为前提，由此推出两者的其他某个属性也相同的结论。提高类比分析可靠性的关键在于，被用作比较的现象和事物在一定方面真正显示了共同点。任何随意的和机械的类比都是不科学的。可比性是正确进行类比分析的首要条件。

从实现认识目的过程看，把握对象特征的思维活动遵循着一条由此及彼、由表及里、由浅入深的基本途径。在这一认识过程中，各种比较分析的方法都是从不同的角度，经过现象比较达到本质比较。因此，比较分析是一种多层次、多规模、多形式的认识活动。

（二）系统分析法

系统分析法是在系统理论高度发展和成熟的基础上产生的一种专门的科学研究方法。系统就是指由若干相互联系、相互作用的要素组成的复杂有序的整体。系统本来就是客观存在的。系统是普遍存在的，所以，对任何事物都要采取系统分析的方法。

现代调查研究中的系统分析，就是按照系统理论和方法的基本原则与要求，对调查对象的整体进行系统分析，找出它的结构和层次，分析它的组成要素，掌握各部分的功能，研究怎样实现整个系统的最优化。

从整体上看，调查研究的各个系统、每个系统的各个方面，都处于一定的层次，具有不同的功能，根据整体大于部分之和的系统论整体效应的原理，我们在分析调查研究的对象时，都要把它作为一个从周围环境中划分出来的系统来认识，同时还要把系统内部的各个环节、各个部分，看作是相互联系、相互影响、相互制约的。同样，任何一种社会经济现象的出现都不是孤立的、偶然的，总是与其他事物有着这样或那样的关系和联系。要想获得对它透彻的认识，就应将它放置在社会系统的大背景中加以考察研究。要知道，孤立地分析任何单一因素是无法找出全部原因的，也不能最终从根本上解决问题。从目前国内外各界对"可持续发展"的解释尚未取得共识就很能说明系统分析的重要性。

（三）矛盾分析法

矛盾分析法，就是运用马克思主义关于矛盾学说的原理、法则去具体分析事物内部矛盾运动的状况和外部事物的关系，达到认识客观事物的方法，也即我们通常所说的对具体问题具体分析的方法。矛盾分析法是定性分析的一种方法，它建立在对客观事物最一般的、最根本的、符合辩证规律的哲学认识基础上，通过客观地、历史地了解事物发展的进程，具体地分析、认识事物。可以说，认识事物，就是认识事物的矛盾，矛盾组成世界，不作矛盾分析，人们就无从认识世界。在实际的调查研究过程中，运用矛盾分析法去获得对客观事物现状的正确认识，科学地预测它的未来发展，有着其他方法不能代替的重要作用。

矛盾分析法是一种高层次的分析方法，需要有较深厚扎实的哲学理论功底、较强的思想演绎能力和对所研究事物的历史过程有较深刻的了解。

（四）历史分析法

历史分析法就是依据马克思主义关于发展的观点、动态系列的观点，通过对有关研究对象的历史资料进行科学的分析，说明它在历史上是怎样发生的，又是怎样发展到现在的状况的。换言之，就是分析事物历史和现状的关系，包括历史和现状的一致方面以及由于环境、社会条件的变化而造成的不一致方面。历史分析的目的，是弄清楚事物在发生和发展过程中的"来龙去脉"，从中发现问题，启发思考，以便认识现状和推断未来。通过调查研究对所谓外商投资企业吞并民族名牌问题作出历史的辩证的分析就是一个例子。

（五）因果关系分析法

从纷繁复杂的调查资料中寻找若干对事物的产生、运动、变化起作用的因素，进行系统而周密的归纳剖析，探究其中对客观事物起着重要的和决定作用的一个或几个因素系列以及诸因素间的依存关系，从而获得启动问题实质性、关键性之门的钥匙，这种分析问题的方法就是因果关系分析法。因果关系分析法一般分为总体分析、关系分析两种主要的分析方法。

1. 总体分析。总体分析是依据一定的标准，将搜集到的涉及调查对象的主要方面的因素加以科学地归纳分类，组成一个有机的、多层面的网络结构。通过对这一网络结构的分析，从总体上考察与调查相关的诸因素以及一些较为关键的因素系列，以便客观上规定分析的方向。

归纳是总体分析的第一步。在归纳的基础上分类，这是总体分析的第二步。分类是将影响事物的众多因素的材料，予以条理化、系统化，为下一步的分析研究创造条件。分类便于研究，影响事物的种种因素交织在一起，错综复杂，呈现一种网络状态。研究每一个因素在网络状态中所处的层次结构和功能，这是总体分析的第三步。经这一步的分析研究，就可以发现哪个因素或哪些因素是决定因素，从总体上捕捉影响事物发展的关键因素和因素系列。

每一个因素都不是孤立存在着的，某一因素和其他因素总是以这样或那样的形式彼此联系着、相互作用着。诸因素的彼此联系和相互作用产生的合力构成了事物矛盾运动的源泉。因此，要深入了解事物发生、发展过程的运动机制就必须在总体分析的指导下，对各因素之间的联系和关系展开研究，这就需要借助第二种分析方法，即关系分析。

2. 关系分析。关系分析着重揭示诸因素相互依存、相互转化的真实关系。主要包括函数关系、共因关系和功能关系。函数关系，指因素之间对立变化的关系。函数关系可以通过统计技术来显示。分析因素的函数关系能够反映因素互为条件的客观联系。共因关系，指在各种不同的社会现象后面有某一共同的因素在起着作用，或者说由某一因素派生出各种不同的社会现象来。这一共同因素一般是对诸现象起主要作用的因素。进行共因分析，不仅有助于发现蕴藏在各种现象之中的核心主线，还可以揭示事物间一因多果的因果关系。功能关系，指某一因素对另一因素产生影响的关系。分析因素的功能关系对于揭示诸因素在一定的社会情势中的相互作用及其相互作用的不同层次与效应是颇有裨益的。

（六）归纳和演绎法

归纳和演绎的方法是各门科学中普遍使用的方法，也是研究分析中常用的方法。

所谓归纳法，就是从具体的、个别的现象中推导出一般性结论的方法。归纳法的基本逻辑是，如果所有（或部分）被研究对象都具有某种特征，那么就可以断定，所有的（或部分的）其他对象具有某种特征。

所谓演绎法，是指从一般的、抽象的原理下降到较为具体的，更接近于经验层次的结论的方法。在定性分析或解释中，采用演绎的方法就是根据一般的理论或定律解释具体的研究结果或被证实和证伪的操作假设。理论越成熟，演绎分析法就越重要。

在分析研究中，归纳法和演绎法两种方法往往是结合运用的，很难说哪种方法在前，哪种方法在后。根据归纳和演绎法本身的特点以及目前经济研究的现状，归纳法采用得更多。但随着经济理论的发展，演绎法将会受到越来越多的重视。

上面分别介绍的比较分析法、系统分析法、矛盾分析法、历史分析法、因果关系分析法、归纳和演绎法六种分析方法，都不是截然对立的，而是互相包容的。在对调查资料的实际分析过程中，往往是多种方法同时并用，或交替使用，或根据调查对象和研究目的、论述角度的不同，以某一种分析方法为主，其他分析方法为辅。

任务二　定量分析方法

教学目标

了解定量分析方法的概念，掌握定量分析的基本方法。

理论链接

一、定量分析概述

辩证唯物主义认为，任何具体的事物都是一定的质与量的统一体。一般讲，我们把关于事物构成和性质方面的研究称之为定性分析（又称理论分析）；把关于事物数量、数量关系和数量变化方面的研究称之为定量分析（又称数量分析）。因此，人们探索社会现象的规律、认识社会现象的本质，必须把定性分析和定量分析相结合。

定量分析是对一个对象内部几个因素或者几个对象之间的数量特征、数量关系与数量变化的分析。它的要点在于：运用统计学、管理学、运筹学、系统工程等科学方法，在错综复杂的问题中理清脉络，提炼要素，并理清有关要素间的逻辑和数量关系；确定量化的原则；建立相应的数学模型；运用有效算法做出合理的和符合需要的结论。对管理者而言，掌握定量分析方法，将使管理工作更加科学、准确、有效。

定量分析遵循科学主义的方法论传统。科学主义是近代自然科学自牛顿以来确立的一种方法论观点，这种观点认为社会现象与自然现象尽管在表现形式上有所不同，但在本质上都是客观的、因果性的和有规律的，因而是可以观察、实验和概括的，可以用数学形式对社会和自然现象进行分析和概括。而定性分析则基于人本主义方法论，这种思潮认为，社会现象与自然现象根本不同，社会现象在本质上是不可能客观地进行分析和说明的，只能通过理解和释义来整体把握。定量分析着眼于对假设、理论的实证和对现象变化的预测，而定性分析更强调对现象的理解和诠释。定量分析更多地运用演绎推理，从一般假设中推出结论，再对结论进行检验；而定性分析则强调归纳和整体把握，通过对概念的分析和释义得出结论。

定量分析方法相比定性分析方法具有以下三个基本特征：

1. 实证性。即定量分析的过程和结果是可以检验的。定量分析是运用适当的数学方法对有关特定问题的数据进行分析，分析过程的每一个阶段和结果都可以明确表示出来，接受逻辑的和事实的检验。实证性是定量分析区别于定性的、思辨的分析方法的最本质特征。

2. 明确性。定量分析所采用的概念一般都具有明确定义，并且一般不使用模棱两可的语言来表达，因而在一般情况下不会引起歧义，从而使分析过程和分析的结果易于理解。

3. 客观性。即定量分析的结果是独立于分析者的，不论什么人，只要对相同的数据应用相同的方法都会得出相同的结果，这并不是说就剥夺了分析者的自由。出于不同的研究目的，对于相同的数据，分析者可以采用不同的方法处理，从而得出不同的结果。还有一种可能，即分析者对同样的数据采用不同的分析方法，得出相同或相近的结果，这就是社会科学中所谓的"三解定位"，它由美国社会科学家 D. T. 坎贝尔（D. T. Cambell）提出，这种方法强调对同一对象采用多种不同的定量分析方法，结果一致则表明分析结果的有效性。

二、定量分析的基本方法

（一）统计分析法

统计学的核心是统计数据分析，通过统计描述和统计推断的方法探索出数据内在的数量规律性。管理学强调在管理的五大基本职能中，人力、物力和财力资源的协调性，以达到有效管理的目的。运筹学强调以量化为基础的最优决策。系统工程强调在系统规划、研究、设计、制造、试验和使用的全过程建模（仿真）、分析、预测、评价、决策的科学性，其科学方法对所有系统都具有普遍意义。它们之间既有联系又有区别，组成了公共管理定量分析方法的重要基础。

所谓统计分析，就是运用应用数学的分支——统计学方法，从量的方面分析事物之间的相互联系和相互作用。即通过对事物量的规定性的分析来把握质的规定性。因为只有从数量方面认识客观事物的发生和发展变化的性质和特征，才能真正达到对客观规律的掌握。

1. 犯罪统计的基本环节。犯罪统计的种类很多，一般分为整体统计、部分统计和单项统计。根据其内容不同，可分为描述犯罪现象特征的犯罪统计、分析犯罪原因的犯罪统计、预测犯罪趋势及犯罪动向的犯罪统计。但不管是哪种犯罪统计，通常都要经过四个基本环节，即犯罪统计设计、犯罪统计调查、犯罪统计整理和犯罪统计分析。

（1）犯罪统计设计。这是犯罪统计的第一阶段，是根据统计研究对象的性质和研究目的，在进行统计定量分析之前，对统计工作的各个方面和各个环节所作的总体考虑和安排。从理论上讲，犯罪统计设计是犯罪统计的开始，是从定性认识过渡到定量认识的连接点，它对犯罪统计工作起着通盘考虑的作用。

（2）犯罪统计调查。它是指根据所确定的统计任务，搜集有关被研究的犯罪现象的准确资料，以获取丰富的大量的感性知识。犯罪统计调查是认识犯罪现象的起点，是犯罪统计整理和犯罪统计分析的基础。它为统计整理和统计分析提供真实可靠的调查资料，保证整个犯罪统计工作顺利进行。

（3）犯罪统计整理。它是对调查得来的犯罪资料数字，加以科学汇总，使其条理化、系统化，便于进一步分析研究，是犯罪统计研究的中间环节。

（4）犯罪统计分析。它是对经过加工汇总的犯罪资料进行分析研究，指出矛盾，阐明被研究犯罪现象的本质和规律性，从而提出防治犯罪的措施。该环节是决定犯罪统计研究成果的部分。

犯罪统计的这四个基本环节，互相依存，有机地、密切地联系在一起，任何一环均不可忽视，如果有任何一环没有做好，就会影响整个犯罪统计研究的成果。

2. 犯罪统计的指标体系。指标，是统计学上的一个概念，旨在用数量来表示统计对象的情况及其变化。犯罪的统计指标，是用数量来表示一定时间、地点和条件下的犯罪现象，包括总体与部分、过程与变化等情况的一种方法。其目的在于对犯罪现象在特定时期、特定地域的质和量进行测算和评定。评定犯罪现象的指标有很多，常见常用的主要有以下六种：

（1）犯罪绝对数。绝对数是用确定的数字来反映的。犯罪绝对数，在实际统计中是以每日、每月、每季、每年的案件发生数、案件查获侦破数和案犯判处数为基准的，有一件算一件，有一个算一个。这是计算一切相对指数与平均指数的基础。由于犯罪绝对数是一个实数，许多国家一度将其列入机密级，不到一定时期不予公布。不过，报表中的绝对数，即使是那些已经分门别类的数字，往往不能直接显示现实存在的某些事物相互之间的联系。比如，要回答哪个城市的犯罪率高些，就不仅要有各个参照城市的犯罪绝对数，而且还要有这些城市的居民人口数字，亦即必须要确定犯罪人数与居民人数的指数关系，只有通过这种指数关系才能查明犯罪率的高低。

（2）犯罪时钟数。犯罪时钟数是确定犯罪发生频率的一个重要指标，即用时钟所示的方向及其相应频率来表示和传递特定时间的犯罪信息。换言之，就是用在每月的每时每分每秒内平均发生各种罪案的多少来反映犯罪发生的频率。美国联邦调查局（FBI）常用此指标。犯罪时钟数所揭示的犯罪数据比单纯的犯罪绝对数更为直观，更易于为人们所感受，有利于显示犯罪的严重程度，而其不足则在于不能直接反映犯罪与人口的比例关系。目前，有不少国家依照美国的做法，在犯罪统计中采用这一指标。

（3）发案率与犯罪率。发案率与犯罪率是两个互相联系的指数，是各国目前最为常用的犯罪统计指标。其中，发案率是指每年罪案的发生数与该国或该地区总人口数的比例。将发案率中的发案数换成查获的犯罪人数，计算的结果即为犯罪率。发案率与犯罪率之间的差别，显示了刑事侦查当局侦破罪案的成效，在某种意义上代表了犯罪者与侦查部门的力量对比关系。

这两个指标通常都用万分比来表示，为了提高精确度，有时也用十万分比来表示。其计算公式如下：

发案率（/万或/十万）= 年发案数（件）/总人口数（10000或100000）

犯罪率（/万或/十万）= 年查获犯罪人数/总人口数（10000或100000）

（4）各罪案比率。各类罪案比率指构成罪案总体的部分罪种与全部罪案总和之比，以测定某类罪案在整体犯罪中的比重。其计算公式如下：

某类犯罪率（%）= 某类犯罪（人或件）/全部罪案（人或件）（100）

这一指标通常用于测定重案（如凶杀、强奸、贩毒）、青少年犯罪案以及特定时期公众或政府所关注的罪案比例。在检测打击某类犯罪的专项斗争成果时，运用较多。

（5）脱逃犯罪率与再犯罪率。脱逃犯罪率是指在押罪犯中每年脱逃人数与在押总数之比；再犯罪率是指刑满释放后一定时期内又犯罪的人数与测定时间里释放总人数之比。二者都是评估特定时期犯罪状况与犯罪矫治成效、狱政管理水平的重要指标，在犯罪学研究与治理犯罪的实践中运用很广。

（6）犯罪行为对社会造成的危害率。犯罪行为对社会造成的危害率通常采用以下两种方式测定：一是使用绝对数，即将犯罪者造成的人员死伤数和财产直接损失数或其折合金额数，用具体数字反映出来；二是使用相对数，即将受害者死伤数和财产损失数或其折合金额数与总人口和国民经济工农业生产总产值相比，确定其百分比例值。这一指标能够直接反映犯罪行为的危害程度，也是确定刑事政策的重要依据。

除了上述六种统计方法外，犯罪统计还有其他一些指标，如性别指标、年龄指标、职业身份指标、文化程度指标、改造情况指标等；在国外，还有犯罪密度、破案率、判案率等指标。犯罪密度是测定每平方公里范围内发现案件或出现某类案件数量的指数；破案率是指在报告年度内侦破案件数与发现案件数的比例；而判案率则是指全体居民或与测定有关的那部分居民（如青少年）每十万人中被判罪的人数。犯罪学的研究经常要使用这些指标。

3. 犯罪统计调查。犯罪统计调查，有广义和狭义之分。广义的犯罪统计调查，是指根据打击、预防和控制犯罪的实际需要以及犯罪学研究的目的和要求，采取一定的科学方法，有组织、有计划地获取一定时空范围内犯罪现象及其相关因素数据资料活动的总称。它包括了犯罪统计工作的全部过程。狭义的犯罪统计调查，则是指根据上述实际需要和目的要求，采取一定的科学方法，有组织、有计划地搜集一定时空范围内有关犯罪现象的原始资料活动的总称。我们这里所说的犯罪统计调查，是指狭义的犯罪统计调查。犯罪统计调查实际上是对犯罪统计资料的搜集过程。它一般分为两种情况：一是对未加工的原始材料的搜集，即直接对调查单位的情况进行登记或调查；二是对已经加工过的原始材料的搜集。

（1）犯罪调查准备。进行犯罪调查前要做好准备工作，准备工作的好坏直接影响调查结果的好坏。调查准备包括：要求调查人员必须具有一定的刑法学和犯罪学知识，了解犯罪的基本动态、存在哪些问题、有哪些新课题、哪些是亟待解决的，这是提出有价值新课题的基础；制定调查工作的具体计划和设计调查表格；根据犯罪调查课题详细制定调查的目的和要求，调查的时间、地点、范围对象、步骤和方法，充分准备好调查工作所需的物质和有关表格资料以及调查人员的选择和力量配备、组织领导等。为了使调查工作顺利进行，还需要与被调查的有关单位事先联系，促使其做好一切配合工作。

（2）犯罪调查表格。调查表格是收集犯罪原始资料所必需的工具，其完善与否，对调查结果关系很大。

首先，犯罪调查表格的设计。设计犯罪调查表格是调查准备工作的一项重要内容，表格要随着调查对象和内容的不同而异。设计表格内容应注意下列事项：

第一，项目的多寡应以包括所调查的内容为限，并力求越少越好。

第二，项目力求简单明了，答案最好用"有""无"或"是""否"来表示，这样可以避免歧义和误解。

第三，问题的回答，应该使调查者没有掺杂自己主观意见和偏见的机会。

第四，问题非实际询问则无法填写，回答的问题力求很容易得到证实。

调查表格设计的好坏对于调查的信度和效度有着较大的影响。信度就是调查的稳定性和可靠性，效度就是调查的有效性。在犯罪调查统计中，可根据变量的测量类型选用合适的相关分析方法计算信度或效度系数，其数值越高，则信度或效度也就越高。

信度发生问题主要是由于指标中所使用的语言不明确或太抽象，使被调查者可以作不同的理解，或者由于指标所表达的意思超过被调查者的知识和经验范围。提高调查指标信度的方法主要有：指标中使用的概念语言要清楚、具体、准确和通俗易懂；指标内容应在被调查者的知识和经验范围之内。效度发生问题主要是由于概念不清或者对调查对象的主要特征把握不准。

其次，犯罪调查表格的样式。常用的犯罪调查表格的样式有文字记述式、填写式、符号式三种。

第一，文字记述式。此法一般适用于查阅罪犯卷宗、有关机关的犯罪统计资料等原始资料，再把它们分门别类地记述在表格中。

第二，填写式。此法将要调查的内容，分成若干问题，然后按照一定次序设计成问答表格，再填上适当的答案。这是目前应用最多的一种样式。

第三，符号式。此法将所调查的内容全部编排在表格内，调查人员根据所获资料，用固定符号填入表内。这种表格样式整理分析比较方便，但项目过多时容易混淆，不宜多用。

（3）犯罪调查内容。犯罪统计调查大体由犯罪案件调查、犯罪侵害调查和犯罪人调查三个部分组成。

第一部分，犯罪案件调查。犯罪案件调查是指对一定时空范围内发生的刑事犯罪案件进行调查搜集和汇总整理的活动。通过犯罪案件调查，可以从一个侧面反映社会上发生的刑事犯罪现象的实际状况，了解社会治安的基本态势以及国家刑事司法机关的执法水平，为制定国家刑事法律和政策，提高打击与预防刑事犯罪能力，保障社会治安良性发展提供准确、可靠的依据。犯罪案件调查应当全面反映刑事犯罪案件从发生、发现、受理案件、立案侦查、侦破、处理的全过程。从犯罪案件调查所反映的过程性来看，应当包括一定时空范围内社会上已经客观发生的刑事犯罪案件的总量特征；立案、破案、批捕、起诉、审判刑事犯罪案件的情况，用以反映一定时空范围内国家刑事司法机关的执法水平、工作质量和成效及打击、处理犯罪的能力；犯罪案件特征的情况，如作案时间、作案部位、作案形式、作案手段等，为研究刑事犯罪案件的特点和规律，采取相应的对策措施，预防和打击犯罪提供必要的依据。

从研究问题的目的性来看，犯罪案件调查又包括：

第一，犯罪案件的状况。它指一定时空范围内社会上已经发生的刑事犯罪案件的基本情形，即总量特征。

第二，犯罪案件结构。它指一定时空范围内社会上已经客观发生的刑事犯罪案件按照一定的标准进行分类，表现出来的结构性特征。

第三，犯罪案件的动态。它指一定时空范围内犯罪案件发展变化的特征，包括犯罪案件总量动态特征和结构性动态特征。

第二部分，犯罪侵害调查。犯罪侵害调查指调查搜集和汇总整理一定时空范围内，社会上已经发生的刑事犯罪案件侵害的对象及其侵害后果。犯罪侵害调查的结果可以用来反映刑事犯罪对社会造成的危害及其危害程度，为分析和研究一定时空范围内犯罪现象的严重程度，衡量和评价社会治安状况提供客观的依据。犯罪侵害调查主要有观察和分析两个方面的内容。

第一，刑事犯罪对人的侵害。例如，死亡、伤害、被强奸、被拐卖等，主要反映被害人的数量、种类、被害程度、被害原因，尤其是特定对象（如未成年人、妇女、老人、公安民警、单位）被侵害的情况。

第二，刑事犯罪对物的侵害。例如，财物损失、现金被盗、被抢等，主要反映被侵害物的所有权、财物损害的数量、种类及其价值以及各种无形的间接损害。

第三部分，犯罪人调查。犯罪人调查是调查搜集和汇总整理一定时空范围内，依法查获的犯罪人及其特征的活动。进行犯罪人调查的目的，就是通过反映一定时空范围内刑事犯罪案件作案人的基本构成、主要情况、一般特征，为分析和研究刑事犯罪发生的原因和发展变化规律，制定相应的预防对策和采取有效的打击措施提供必要的依据。犯罪人调查主要包括：

第一，犯罪人主体因素的调查。其包括对犯罪人性别、年龄、文化程度、职业、婚姻状况、健康状况、心理特征、生理特征等的调查。还可以按照刑事法律规定的不同的分类标准进行调查，如按照年龄分为未成年犯罪人、成年犯罪人；按照犯罪次数，分为初犯、再犯、累犯；按照触犯的罪名划分，可分为杀人犯、盗窃犯、强奸犯、抢劫犯等。

第二，犯罪人所处社会环境因素调查。其包括对犯罪人家庭结构调查，如父母及其他家庭成员的品德、职业、家庭变故、健康状况等；家庭经济状况调查，包括家庭财产状况、经济收入和消费的调查等；居住环境调查、教育环境调查、社会影响调查、信仰调查、职业环境调查等。

第三，犯罪人违法犯罪经历的调查。

第四，犯罪人犯罪原因调查，如报复社会、婚变、民间纠纷、贪财恋色等。

第五，国家刑事司法机关对犯罪人处置形式调查，如拘留、逮捕、劳教、少管、判刑情况的调查。

（4）犯罪调查实施。犯罪统计调查的实施，是犯罪统计调查的中心环节。它是根据事先准备好的犯罪调查提纲和表格，全面系统地收集第一手资料，在犯罪统计调查工作中，力求所收集的材料真实、可靠；调查来的原始材料，应当场或及时填入表格内。填写表格务求慎重，应注意以下事项：字体工整；如果使用符号填写，一定要在项目指定处填写，不能远离所选项目或在两个项目之间任意圈点，如需复写数张表格时，应注意表格的对正，不能使表格上下表格左右偏错；填写后，要依次编号，避免混乱。

（二）数据分析方法之数据挖掘

犯罪大数据本身并不意味着大价值，犯罪数据的核心价值在于数据背后的潜在价值。如果不对数据进行挖掘分析，数据只是死气沉沉的"数据坟墓"。只有充分运用数据挖掘、分析和处理技术，才能发现数据背后的规律、特征，真正实现数据的价值。在犯罪分析中，大量的犯罪线索和证据材料都隐藏在海量的数据背后，特别是一些疑难、复杂犯罪案件和新型的犯罪案件更是如此，只有运用数据挖掘方法，才能将其"清理"出来。

1. 数据挖掘概述。数据挖掘（Data Mining，DM）又称数据库中的知识发现（Knowledge Discover in Database，KDD），是从包括文本数据在内的大量数据中分析发现之前未被掌握的、隐含在数据中的关系、模式和趋势的过程。基于数据挖掘得到的知识和规则可以构建决策辅助模型，为决策分析提供支撑。

数据挖掘是一个复杂的过程，是一个在各种数据系统中，人工或者自动查找、比对各种有用信息的过程。数据挖掘技术就像采矿作业，是在存储有海量数据的矿藏之中展开的工作。数据挖掘需要依靠多种技术支撑，如统计学、机器学习、人工智能、数据库技术、分布式计算、并行技术等。

侦查实践中，数据挖掘是比较高级的一种方法。由于数据挖掘的技术性强，一般需要运用专门的分析软件，如手机取证软件、邮件分析软件、话单分析软件等。数据挖掘的根本目的在于，通过对海量数据的二次甚至多次挖掘、比对、分析，从各种现象、事物背后发现其隐藏的内在性规律。

2. 数据挖掘的方法。数据挖掘的主要方法包括：分类（Classification）、聚类（Clustering）、关联规则（Association Rules）、序列模式（Sequential Pattern）、文本挖掘（Text Mining）等。

（1）分类分析法。分类分析法是指根据数据的特征为每个类别建立一个模型，根据数据的属性将其分配到不同组别之中。在犯罪侦查领域，分类分析法作为数据挖掘的一种方法，经常被采用。例如，在入室盗窃案件中，犯罪行为人进入他人室内实施盗窃，大多会在进出口和室内留下指纹、掌纹、足迹、工具的撬压痕迹等，甚至是犯罪行为人的DNA生物检材。对此，技术人员大都会对犯罪现场进行勘验检查，以获取上述痕迹、物品，然后根据每一类证据材料的属性，分别录入相关的系统或者数据库之中，以供日后的比对、分析之用。这实际上就是分类分析法在犯罪侦查领域的一种深度应用。

（2）聚类分析法。聚类分析法是指将数据中具有相似性的数据聚集在一起，进行挖掘、比对、分析，以找出相似数据之间的某些内在联系或者共同规律。在犯罪侦查领域，虚拟空间获得的数据通常采取聚类分析法加以处理。一般认为，虚拟空间的数据包括网络空间的数据、视频数据等，对于这些具有相似性的数据，在通过专门软件搜集之后，可以将其聚集在一起，通过专门的分析软件进行挖掘、分析、比对，找出它们之间的内在联系或者内在规律，以服务于犯罪案件的侦查，特别是疑难复杂案件和新型犯罪案件的侦查。

（3）关联分析法。关联分析法是指针对海量的各类数据，依据各类数据项之间的关系分析，发现各类数据项之间的内在联系，将人们凭经验难以看出或者发现的，隐含在事物、现象背后的，甚至常理无法理解的关联关系找出来。该方法实质上是一种透过现象看本质的数据挖掘方法，这种数据挖掘方法被广泛应用于社会的各个领域，其关联分析的结果常常用于决策者决策时参考，有时甚至成为决策者作出重大决策之依据。在犯罪侦查领域，侦查人员经常采用关联分析法对发生在不同区域的同类犯罪案件进行关联性分析，并将关联分析的结果作为串并案的依据。例如，在系列强奸、杀人案件中，侦查人员正是通过对不同犯罪现场发现、提取的痕迹、物品的关联性分析，找出或者查明这些痕迹、物品背后的相同或者相似性，并以此对不同区域的同类案件作出串并案处理。

（4）序列分析法。序列分析法是指通过对时间因素的关联分析，找出数据在时间上所呈现的规律。在犯罪侦查领域，时序分析法对于分析、查找犯罪案件的时间关联，认定犯罪行为人作案的时间顺序或者有无作案时间，都具有十分重要的意义。例如，在系列强奸、杀人案件中，由于犯罪行为人是在不同的时空条件下实施的犯罪行为，在时间上具有先后顺序性。通过对不同犯罪案件案发时序的分析，能够发现系列案件在时间上的规律性，也即犯罪行为人实施犯罪行为的规律性。

（5）文本挖掘分析法。文本挖掘分析的任务是找出数据集中明显不同于既定模式的数据。在当下的犯罪侦查中，DNA 鉴定结果、Y-STR 鉴定结果常常被用于案件中犯罪行为人、被害人的同一认定。但是，DNA 鉴定结果、Y-STR 鉴定结果常常会因为一些客观原因，如染色体数据异常、染色体结构异常等，或者人为因素等产生错误。此时，在进行同一认定时，就可以通过异常分析法，将明显与将要比对的数据库中的 DNA 鉴定结果、Y-STR 鉴定结果不同的数据，从数据库或者数据系统中找出来。

（三）数据分析方法之大数据分析

在 1980 年，著名未来学家阿尔文·托夫勒便在《第三次浪潮》一书中，将大数据赞颂为"第三次浪潮的华彩乐章"。大约从 2009 年开始，"大数据"成为互联网信息技术行业的流行词汇。在维克托·迈尔-舍恩伯格及肯尼斯·库克耶编写的《大数据时代》中，世界的本质就是数据，大数据将开启一次重大的时代转型；大数据发展的核心动力来源于人类测量、记录和分析世界的渴望；从因果关系到相关关系的思维变革才是大数据的关键，建立在相关关系分析法基础上的预测才是大数据的核心。

大数据指不用随机分析法（抽样调查）这样的捷径，而采用所有数据的方法。大数据的 5V 特点是：Volume（大量）、Velocity（高速）、Variety（多样）、Value（价值)、Veracity(真实性)。

警务视野下的大数据思维是以一种数据化的整体性思维重新审视数据、警察、警察组织、警务决策以及犯罪治理,以优良的数据质量和数据管理为基础,以犯罪情报分析为核心,形成一套完整的从数据收集、整理、报告到转化成警务洞见和决策建议的数据驱动警务流程,促使警察组织逐渐演变成嵌入式、联合式分析的组织模式,以数据分析驱动警务决策,基于大数据的相关性研究开展犯罪情境预防,最终形成"合作、兼容、开放、好奇"的数据驱动警务文化,推动数据驱动警务良性运转的思维方式。

拓展阅读

美国的预测型警务

犯罪预测的源头可追溯至20世纪80年代的美国,那时疲于应对犯罪的纽约市交通警察队长Jack Maple非常希望能在犯罪发生之前予以制止。为了做到这一点,他尝试在约16.8米宽的墙面上标记出纽约市的每个地铁站的位置及以往发生的犯罪案件。

到1990年为止,Maple通过不同颜色的别针标记出了整个纽约地铁的犯罪形势,他将这个地图称作"未来之图"(Charts of the Future)。通过该地图,警察可以知道哪个街区容易发生哪种犯罪,从而更有效地部署巡逻警力。而事实证明,这种方法确实有效,1990年到1992年间,纽约市警察在"未来之图"的帮助下使地铁抢劫案减少了27%。

1994年,在"未来之图"的基础上,一种以计算机数据驱动的警务控制犯罪系统Comp Stat(计算机统计数据比照,Computer Comparison Statistics)得以创建,其是一种多元化的系统,用于管理警察业务流程运作。纽约、新奥尔良和明里波利斯的警察局自从采用Comp Stat系统后,其所在地区的犯罪率呈双位数的下降。Comp Stat系统所获得的巨大成功使"预测警务"这一概念受到的关注越来越多。

目前,基于大数据的预测警务在美国方兴未艾。在2012年一项针对美国近200个警察局的调查中,70%的警察局表示,在未来2~5年内开始或增加对预测警务技术的使用。而纽约、洛杉矶、新奥尔良、孟菲斯等多地警察局已在工作中应用基于大数据的预测警务软件,并取得了良好的效果。

一、美国预测警务的分析方法和技术

根据2013年美国兰德公司撰写的题为《预测警务——犯罪预测在执法机构业务运作中的作用》的研究报告,按预测结果的不同,美国犯罪预测分析方法分为四大类,分别是预测犯罪发生的方法、预测具有违法倾向人员的方法、预测作案人身份的方法和预测可能成为犯罪受害人的方法。就预测方法本质而言,以上四类预测方法可以分为传统犯罪情报分析方法和基于大数据的犯罪预测分析方法两大类。传统犯罪情报分析方法适用于数据量较小、复杂度较低的犯罪预测。传统方法多采用人工、启发式探索或简单的数学计算。因此，它们是低成本的，特别是当数据量较少时也可以取得较好的效果。相比之下，基于大数据的犯罪预测分析需要利用复杂的分析系统，适用于大数据集分析。

美国预测警务是应用分析技术，也是一种定量分析技术，为警方干预和预防犯罪，识别最有可能的目标，或通过统计预测分析解决过去的案件。因为处理犯罪数据的复杂程度不同，美国犯罪情报预测分析技术可分为四大类：一是经典统计技术。这一类别包括标准统计过程，如统计回归、时间序列分析、季节效应调整等。二是简单方法。不需要太多复杂的计算或大的数据集，通常根据列表和相关指标做出判断。例如：许多启发式探索法就是简单方法，也就是在数据的启发下不断生成和更新判断的过程。三是复杂应用。这些应用包括创新方法或需要复杂计算工具处理大数据量集的方法，许多比较新的数据挖掘方法和一些临近重复方法归于这一层级。四是定制方法。即专门为警方开展犯罪分析定制的分析技术。前三种方法是适用于各行各业的通用方法，定制方法就是面向警务工作的特点和业务需求，能够满足警务特殊需要的技术方法。美国犯罪预测分析主要包括热点分析、回归方法、数据挖掘技术、邻近重复方法、时空分析和风险地域分析等六个分析技术类别。

二、美国预测警务的业务流程

美国预测警务运行流程可分为以下四个步骤：

（一）数据收集

所有的预测警务技术都依赖于巨量的数据，融合不同的数据资源是美国预测警务的基础。这些数据包括：历史犯罪事件：地点、犯罪类型、严重程度、受害者、犯罪嫌疑人、定罪、犯罪行为和性质；诱发因素：天气、气温、年份、月份或周几；触发事件：假期、节日或发薪日；非结构化数据：事件报告中包含的图像、音频、视频和文字、证人供词、犯罪嫌疑人审讯记录、线索信息、服务呼叫、电子邮件和聊天室活动。

（二）预测分析

通过统计犯罪相关数据并进行建模分析，执法机构可以预测目标事件发生的可能性。美国预测警务所预测的内容可包括犯罪风险增加的地点和时间、将来有犯罪风险的个人、已知犯罪案件最有可能的犯罪嫌疑人、可能的犯罪受害群体或在某些情况下最容易成为犯罪受害人的个人等。

（三）警方干预

分析只有能够影响警务实践，才有可能影响犯罪率的升降。持续评估警务运行的过程也是犯罪分析的重要内容。警方干预包括三种类型：一般干预，主要是指分配更多的资源响应增加的风险，比如向犯罪热点区域投放更多的警察等；特定犯罪的干预，主要是指针对特定的犯罪类型而采取的干预措施；特定问题的干预，主要是针对识别出的产生犯罪风险的特定位置、人群或个体等而采取的干预措施。无论什么样的干预类型，犯罪分析人员都需要向执行这些干预行动的指挥官或警察尽可能提供足够的信息和知识，以构建正确的情景意识。

（四）刑事响应

一旦警方发起干预，一些罪犯可能被逮捕或者远离街道。其他人可能选择停止犯罪，改变他们实施犯罪的地点或者改变实施犯罪的方法，以应对警方的干预行动。

三、美国代表性大数据预测警务软件

1994年美国创建"计算机统计数据比照"（Comp Stat）系统可谓是大数据预测警务软件发展的起源。随后，许多公司包括 IBM 这样的知名公司，都与警察部门联手推出了多种多样的预测系统。

（一）Palantir 公司的 Gotham 大数据软件

Palantir 公司的 Gotham 大数据软件综合了人工算法和引擎（可同时扫描多个数据库），可收集大量数据，帮助用户发现关键联系，并最终找到复杂问题的答案。例如，在 Palantir 软件搜索嫌疑人"Michael"，可快速将各类庞杂的数据在可视化软件上汇聚到一起，最终发现该犯的综合立体化视图，包括使用的手机、入境记录、逮捕时开的车、涉及的案件、涉嫌的盗窃案、已有的审讯记录等。该软件允许用户以多种方式快速浏览相关信息，在吸收海量数据、消化数据后得出结论，如哪里最可能发生恐怖袭击、哪个金融决策可能是错误的。点击任何一个节点，右边会展示其详细的属性与其他实体的关联关系。例如，点击车辆，可以展示该车以往所有被抓拍的照片与数据。办案人员可根据关联关系逐层往下挖，同时补充筛选条件，将模糊的破案线索逐步求精，最后提高破案的准确性与效率。

（二）Pred Pol 大数据软件

Pred Pol 大数据软件由洛杉矶警察局与来自圣克拉拉大学、加州大学洛杉矶分校的博士生团队经过6年多时间共同研发完成。该软件根据某地区以往的犯罪活动统计数据，运用与预测地震软件相类似的特殊算法，计算该地发生犯罪的概率、犯罪类型以及最有可能犯罪的时间段。

Pred Pol 大数据软件主界面是一张城市地图，与谷歌地图相近。该工具运行在一个基于云的软件即服务（SaaS）的安全软件上，可提供微观、实时的地理空间情报。运用热点自动绘制模型，地图以红色方框（152米×152米）表示需要提高警惕的热点地区。执法人员可打印地图和报告，也可在移动车载终端或任何连接互联网的设备上进行查看。此外，还提供多种热点工具、现场实证与相关证明、简易存取与配置、新闻媒体等相关服务功能。截至2015年初，美国已有近60家警察局采用 Pred Pol 软件。

（三）IBM 公司的"犯罪洞察和预防解决方案"

IBM 公司的"犯罪洞察和预防解决方案"基于 IBM 的成熟技术——Cognos 业务分析、SPSS 预测分析以及 Spot On 和 ESRI 绘图，可以提供警务数据整合、警务大数据分析及警务大数据可视化功能。通过这些软件，可以进行警务大数据的集中管理，帮助警方不同部门协同工作，发现犯罪线索。弗吉尼亚州 PredPol 软件的主界面的里士满警察局、南卡罗来纳州的查尔斯顿警察局等都采用该解决方案。

（四）微软公司的"领域感知系统"

基于大数据技术和分析方法的"领域感知系统"（DAS）由纽约市警察局和微软公司合作推出。该项目始于 2009 年，于 2012 年部署。"领域感知系统"收集和分析来自于对纽约市 3000 个公共摄像头、200 多个车牌识别雷达、2000 多个辐射感测器以及警察局数据库的信息，进行智能分析，用于辅助案件侦查、犯罪预警以及实时应对突发事件等。该系统的映射功能使得纽约警察能够查看和理解过去无法全面处理的信息，从而及时确认潜在的威胁。系统通过对实时数据的分析，帮助警察建立时间、地点、人物、事件等之间的联系，揭示嫌疑人的犯罪模式。

"领域感知系统"可以立即从警察局庞大的数据库搜寻有关资讯，包括拘捕记录、911 接警电话等相关记录，具有视频分析、车辆定位和历史轨迹察看、辐射物品识别、犯罪模式分析等功能。通过与犯罪嫌疑人信息库连接，可快速获取嫌疑人的历史信息。在接入紧急电话时，警方可以翻看先前从同一个地址打来的 911 接警记录，以确定对方身份等。如果有人致电 911 报告曼哈顿有炸弹，DAS 屏幕马上亮起警号，显示附近的人员装备，报告是否有人在威胁纽约市等。该系统最终会发展到可通过警车的手提电脑或移动电话，给巡逻警察即时提供应对信息。

（五）SAS 公司的 JMP 分析软件

JMP 是 SAS 公司开发的大数据分析软件，并在芝加哥警察局得到应用。芝加哥警方首先基于芝加哥的城市网站构建了其分析的数据集，存放了近十年来所有的犯罪记录。这些数据详细记录着犯罪的信息，包括犯罪记录、犯罪时间、地点、处理信息和处罚信息等，并基于分析的需要进行了相应的整理，以便进行更进一步的处理。例如，探索犯罪行为同犯罪地点之间的行为模式，基于时间节点的犯罪类型分析等。基于上述的数据分析，芝加哥警方开展了大量的预防犯罪的工作，从而大大减少了犯罪事件的发生，减少了犯罪带来的危害。

JMP 帮助芝加哥警察局快速进行各项犯罪事件的分析。例如，警方采用柱状图和等高线图进行基于犯罪类型和地理区域的分析工作，通过时间、日期和经纬度等更多维度对犯罪情况进行更加深入的分析。通过对不同时间段的分解，可以查看不同种类的犯罪类型在不同时段的变化情况。

通过 JMP 灵活的图形化分析手段，芝加哥警方进行快速的犯罪事件分析，很快就发现犯罪事件的相关规律，为更好地进行犯罪事件的预防提供保障。

除上述大数据警务预测软件外，美国还有许多其他预测软件，如孟菲斯市警察局启用的 Blue Crush 预测犯罪分析系统、西雅图警察局的 Sea Stat 犯罪分析与预测系统等。

进入大数据时代之后，执法机构对数据的依赖程度将变得越来越高。而通过使用基于大数据的预测性警务技术，执法机构能够充分利用掌握的人员和信息资源，监控、衡量和预测未来的犯罪活动及犯罪趋势，以便于有效分配资源并快速处理案件。预测性警务技术的应用，凸显了大数据语境下的犯罪分析在现代警务中的价值，也向我们展示了情报主导警务前所未有的发展空间。

复习与思考

1. 定性分析的概念是什么？方法有哪些？
2. 定量分析的概念是什么？方法有哪些？
3. 数据挖掘的概念是什么？方法有哪些？
4. 美国的预测型警务模式的应用对我国警务工作有哪些启示？

能力训练

训练项目一：比较分析法

一、训练目的

比较分析法是通过对比的手段，把两个或两类事物进行比较，寻找它们的相同点和不同点的逻辑方法。通过比较分析法的训练，锻炼学生的逻辑思维能力。

二、任务要求

学生以小组为单位，通过阅读下列案例材料，运用比较分析的方法，分析传销与集资诈骗的区别，得出相应结论。

三、训练内容

材料1：云联惠案

2018年5月，"云联惠"传销犯罪团伙总部被广州警方成功摧毁。经审查查明，涉嫌从事非法集资、传销等犯罪活动的电商平台"云联惠"，以"在云联商城消费能获得消费金额100%的积分返还"为幌子，设置代理公司制度，作为云联惠传销模式的代理实体，推广"消费全返"经营模式、发展线下代理和会员。自2014年1月至2017年12月，"云联惠"通过网站、微信、培训会、授课等途径传播，共吸引680万余人加盟，涉案累计交易金额达3300亿余元。

广州市公安局新闻办2018年6月29日通报：近日，经检察机关批准，广州警方以涉嫌组织、领导传销活动罪对云联惠公司实际控制人黄某等主要犯罪嫌疑人依法执行逮捕。

广东"云联惠"特大网络传销案系列案，先后在广西、山东、河北、湖北等地宣判，前后共有十余人获刑。

材料2：e租宝案

起源于安徽蚌埠的互联网金融公司安徽钰诚集团，从2014年7月开始上线"e租宝"平台和相关产品，平台主打A2P的模式，产品都是融资租赁债权转让。2015年12月8日，"e租宝"涉嫌违法经营，接受有关部门调查。2016年1月14日，"e租宝"平台的21名涉案人员被北京检察机关批准逮捕。

2017年11月29日北京高院作出终审判决，丁宁、张敏等集团负责人被判处无期徒刑等重刑。截至案发，"e租宝"涉案金额高达762亿，涉及115万人，遍布31个省市，未兑付款项380亿。

2018年9月13日，"e租宝"案件又传来新消息，安徽省近42名被告人因涉案受到审判，分别被判处有期徒刑并处罚金和缓刑并处罚金的刑罚，对犯罪情节较轻的部分被告人依法适用缓刑。2019年5月，根据裁判文书网已公开的判决书查询发现，此前累计已有111名相关涉案人员受审，罚款超20亿。

四、要点提示

传销是指组织者发展人员，通过对被发展人员以其直接或者间接发展的人员数量或者业绩为依据计算和给付报酬，或者要求被发展人员以交纳一定费用为条件取得加入资格等方式获得财富的违法行为。非法集资，是指公司、企业、个人或其他组织未经批准，违反法律、法规，通过不正当的渠道，向社会公众或者集体募集资金的行为。二者在诈骗手段、行为方式、法律规定上存在差异。非法集资有两种形式，非法吸收公众存款和集资诈骗，而传销是采用金字塔式发展下线的犯罪活动。

训练项目二：系统分析法

一、训练目的

系统分析法是在系统理论高度发展和成熟的基础上产生的一种专门的科学研究方法。通过系统分析法的训练，锻炼学生对事物的各个方面、各个环节、各个部分进行整体分析研究的思维能力。

二、任务要求

学生以小组为单位，通过阅读下列案例材料，运用系统分析的方法，对案件中被告人赵某某的成长经历、家庭环境等因素进行分析，分析赵某某的犯罪原因，得出相应结论。

三、训练内容

材料：被告人赵某某与被害人李某某系河南省驻马店市某高中同班同学。2011年11月14日，二人因琐事产生矛盾。同年11月16日18时许，赵某某持水果刀在教室内将李某某腹部捅伤，造成李某某脾破裂摘除、肝破裂、胃破裂。经鉴定，李某某的损伤构成重伤。案发后，赵某某亲属积极赔偿李某某经济损失，取得了李某某及其亲属谅解。在审理过程中，法院对被告人赵某某进行了社会调查，了解到赵某某平时在学校表现较好，其实施犯罪系一时冲动所为。在庭审过程中，赵某某也认识到了自己行为的社会危害性，当庭表示悔罪。河南省驻马店市驿城区人民法院认定被告人赵某某犯故意伤害罪，判处有期徒刑3年，缓刑3年。现该判决已经生效。

四、要点提示

未成年人犯罪有其特殊性，特别是有比较复杂的社会原因，有别于成年人。通过社会调查，了解其成长经历、家庭背景、一贯表现、犯罪原因等情况，不仅有助于找准教育的切入点，提升对其教育、感化的针对性、感染力，更有利于准确把握未成年被告人的主观恶性和人身危险性，进而对其科以适当的刑罚。

本案法院在庭审前即对被告人赵某某进行了社会调查，了解其平时表现，并且通过调解，让赵某某亲属与被害人亲属达成了民事赔偿协议，取得了被害人亲属的谅解，依法给予缓刑判决。判后，法院与赵某某原先学校联系，学校愿意接受赵某某复学。经回访，赵某某表现良好，学习成绩较好，没有违法现象。

训练项目三：矛盾分析法

一、训练目的

矛盾分析法是运用马克思主义关于矛盾学说的原理、法则，对事物内部矛盾运动状况和外部事物的关系进行分析，对事物形成客观认识的方法。通过矛盾分析法的训练，训练学生运用判断事物矛盾点的方法，得出符合事物发展的结论的能力。

二、任务要求

学生以小组为单位，通过阅读下列案例材料，运用矛盾分析的方法，对案件中犯罪嫌疑人曾某的供述和受害人陈述的矛盾点进行分析，判断哪一方的言辞证据更符合实际，得出相应结论。

三、训练内容

材料：2017年11月曾某流窜至天津市滨海新区塘沽新北路一家汽修店，盗窃了一定数额的现金和手机一部。公安机关在依法对曾某进行讯问时,曾某供述盗窃了现金1000元和手机一部。公安机关询问被害人时,被害人陈述其被盗12 000元和手机一部。后公安机关再次依法对曾某讯问时,其供述盗窃了5400元和黑色手机一部并声称第一次供述时自己说了假话,怕受到刑事处罚。公安机关在看守所对曾某进行第三次讯问时,其供述和第二次相一致、前后稳定。公安机关对被害人再次询问时,其陈述前后相一致。本案中,办案人员在确定盗窃数额时有两种意见:第一种意见认为,犯罪嫌疑人涉嫌盗窃的财物应当是5400元和一部手机。理由是被盗财物难以查清的,应当按照存在疑问时有利于犯罪嫌疑人、被告人的原则,从低认定涉案的盗窃金额。第二种意见认为,犯罪嫌疑人涉嫌盗窃的财物应当是12 000元和一部手机,以被害人陈述为准。最终办案人员认真综合、分析了全案证据,采信了被害人的陈述,认定犯罪嫌疑人曾某涉嫌盗窃的财物是12 000元和一部手机。

四、要点提示

1. 办案人员经调查发现,犯罪嫌疑人曾某以前因犯盗窃罪被司法机关多次打击处理过,属于累犯。曾某具有了一定的法律知识,能够应对侦查机关的侦查并为自己开脱,这一点通过其三次供述的不稳定性也能体现出来。

2. 被害人属于汽修店的工人,被害人陈述被盗的现金是老板当日刚发的工资。办案人员详细询问了汽修店的老板和工友关于被害人工资的基本情况,能够在一定程度上印证被害人的陈述。综上,被害人陈述可采信的程度更大。

训练项目四:历史分析法

一、训练目的

历史分析法是运用发展的眼光,对有关研究对象的历史资料进行分析,找到事物历史和现状的关系,从历史发展中得到启发,以此认识现状,推断未来的方法。

二、任务要求

阅读下列有关黑社会组织犯罪的材料,研究黑社会组织的发展历程、发展状况和特点,提出有针对性的犯罪预防措施。

三、训练内容

中华人民共和国成立后,随着政府开展严厉而持续的清匪反霸、镇压反革命活动,旧中国遗留下来的以帮会为代表的黑社会组织受到了毁灭性打击,至20世纪50年代初,除了港、澳、台地区的黑社会势力外,大陆的黑社会势力已彻底肃清。之后,我国在经济上实行严格的计划经济体制、社会管理上实行严格的行政控制,这些因素使有组织犯罪在我国失去了滋生、发展的土壤,因而在其后长达30年的时间里,有组织犯罪在我国处于空白状态。20世纪80年代以后,随着改革开放政策的实施,我国的经济体制、社会结构以及对外政策等方面都发生了重大变化,绝迹了30多年的有组织犯罪也随之复燃并迅速发展。

现阶段,我国黑社会性质组织发展迅速,其犯罪活动已进入活跃期,但在持续的高压打击下,在今后一段时间内其将出现一定程度的萎缩。黑社会性质组织犯罪在有组织犯罪中所占的比重没有普通集团犯罪大,但它是我国有组织犯罪的典型形态,同时也是我国打击的重点。值得一提的是,进入21世纪后的十余年是黑社会性质组织犯罪的活跃期,我国面临的"打黑"形势相当严峻。在这种情况下,我国已经开展了两次全国范围的"打黑除恶"专项行动,并取得了一定的成果。

据中国"打黑"办副主任、公安部刑事侦查局披露,从2000年12月持续到2003年4月的第一次全国"打黑除恶"专项斗争,共打掉涉黑组织600余个,而2006年开始持续到现在的"打黑除恶"专项斗争,全国共打击涉黑组织2131个,年均查获涉黑组织426个;扣押的涉黑涉恶总资产已达数百亿元。

鉴于黑社会性质组织犯罪的特殊社会危害性以及目前严峻的"打黑"形势,2009年7月7日,在中央政法委会议上,国务委员、公安部长孟建柱将深入推进"打黑除恶"专项斗争的特殊重要性首次提升到了维护社会和谐稳定、巩固党的执政基础的高度;而在2011年9月16日召开的全国深化"打黑除恶"专项斗争会议上,中央要求继续保持对黑恶犯罪严打高压态势,要敢于碰硬、除恶务尽。

从我国特殊的国情以及执政党的这种态度来看,黑社会性质组织犯罪目前的发展势头必将受到一定遏制,在未来一段时间内,黑社会性质组织犯罪会呈现一定程度的萎缩。

四、要点提示

犯罪是一种社会现象,其产生有复杂的原因。有组织犯罪作为犯罪现象的高级形态和复杂形态,其产生原因更加复杂,因而预防和惩治有组织犯罪的对策应当是多方面、多层次的。应加大对普通犯罪集团的打击力度,贯彻"打小打早"的刑事政策。我国应当继续保持对黑社会性质组织犯罪的高压态势。刑事立法应当对黑社会犯罪作出规定且应当具有一定的预见性和前瞻性。

针对有组织犯罪集团的跨区域、跨境活动的趋势应采取相应的对策。首先,针对跨区域活动的趋势,我国应当尽快在中央建立专门的反黑领导机构,再组建一支国家级的打黑专业队伍。其次,针对跨境活动的趋势,应当加强国际合作。具体而言,我国应当缔结和参加反有组织犯罪的相关国际公约,如我国于2000年签署了《联合国打击跨国有组织犯罪公约》;我国应当与其他国家,尤其是周边国家广泛地签订反有组织犯罪的司法协助协议,以解决刑事管辖权冲突、跨境证据收集、犯罪人引渡等相关问题。

训练项目五：因果关系分析法

一、训练目的

因果关系分析法是对事物的产生、运动、变化因素进行分析，探究对事物起重要作用和决定作用的因素，并对其依存关系进行分析的方法。通过本训练项目，培养学生对事物前后因果关系进行分析的逻辑思维能力。

二、任务要求

在意外险保险实务中，经常会遇到死因和保险事故之间究竟有没有因果关系的问题，因为有无因果关系将涉及保险公司赔与不赔的问题，而对保险金受益人来讲则是能否领受保险金的问题，而保险金一般是数额比较巨大的。这种判断既涉及保险公司的信誉、保险金受益人的利益，又对社会的安定有一定的影响。

学生以小组为单位，结合案例材料，讨论保险公司应当承担什么样的责任？原因是什么？

三、训练内容

A（受害者）驾驶的二轮摩托车在进入一个弯道口时，遇到B（加害者，被告）驾驶的装有货物的卡车从正面疾驶而来。由于B在进入弯道时车速过快，抢入对方行驶的车道，撞上正常行驶的A。

A在事故中身受重伤，经抢救脱险。但是，腿部遭到重创，腰部的肌肉受到损伤，这些伤害直接引起了急性肾功能衰竭。接着，由于大腿的肌肉坏死引起的感染无法控制，被迫锯腿以求保命。

由于A在遭遇交通事故之前，患有严重的肝功能不全的疾病，在这种情况下，A的肝功能不全的疾病并发，GTO等指标急速上升，可谓雪上加霜。A在饱受痛苦的情况下，在事故发生1年后死亡。

X（A的家属，原告）向保险公司提出要求支付保险金的请求。保险公司以A的死因是肝脏病，死因与交通事故造成的伤害之间没有直接的因果关系为由拒绝支付保险金。X向法院提起诉讼。

一审法院在判决中认为A的死因和交通事故中受伤有因果关系。对X的大部分的请求予以认可，一部分的要求不予支持。二审法院支持了一审法院的判决。

四、要点提示

关于A的死因和交通事故所造成的伤害之间有无因果关系，成为本案原被告之间争论的焦点。本案的事实关系错综复杂，因为 A 是由于上消化道出血、肺炎、肾脏、肝脏、心脏功能衰竭、败血症等并发最后导致死亡，所以从医学角度也比较难作出十分权威的结论。

法院对上述事实进行了分析，其一，由于右腿开放性骨折造成了 A 的右下肢血流不畅，导致败血症的感染，形成肌肉坏死。为了保全生命而进行了截肢，但是，手术后并没有阻止败血症的进一步感染，导致死亡。其二，肝脏功能不全的加重、GTO 指标的急增是由于右腿肌肉坏死导致败血症感染而致。其三，由于 B 无法证实 A 的死亡是直接源于肝脏疾病，但是不排除加速死亡的可能性。

法院从主要病因着手，从中找到主要原因和次要原因，借助比例因果关系的理论，认定 A 的死因与交通事故所造成的伤害之间有因果关系，但不是全部，只有80%；另外20%的死因与交通事故所造成的伤害之间没有因果关系。因此判决保险公司应该赔付80%的保险金，而剩下的20%的请求则予以驳回。

训练项目六：逻辑推理法（归纳和演绎法）

一、训练目的

逻辑推理是产生研究假设的重要方法。逻辑推理主要有两种方法：演绎（deduction）与归纳（induction）。归纳是从经验观察出发，通过对大量现象的观察概括出具有普遍性或一般性的结论。演绎是从一般原理或理论出发，通过逻辑推理来解释具体的事件或现象。也可以说，归纳是从特殊到一般、从个性到共性、从具体到抽象、从经验到理论，而演绎则相反。

二、任务要求

学生运用归纳法对材料1进行分析，分析什么是苏格拉底认为的正义；运用演绎法对材料2进行分析，并在括号中填入相应的内容。

三、训练内容

材料1：苏格拉底谈正义

为帮助名叫欧谛德谟的青年认清正义与非正义问题，苏格拉底与其进行了下面的对话（以下皆是苏问、欧答）：

问：虚伪应归于哪一类？

答：应归入非正义类。

问：偷盗、欺骗、奴役等应归入哪一类？

答：非正义类。

问：如果一个将军惩罚那些极大地损害了其国家利益的敌人，并对他们加以奴役，这能说是非正义吗?

答:不能。

问:如果他偷走了敌人的财物或在作战中欺骗了敌人,这种行为该怎么看呢?

答:这当然正确,但我指的是欺骗朋友。

苏格拉底:那好吧,我们就专门讨论朋友间的问题。假如一位将军所统帅的军队已经丧失了士气,精神面临崩溃,他欺骗自己的士兵说援军马上就到,从而鼓舞起士兵的斗志取得胜利,这种行为该如何理解?

答:应算是正义的。

问:如果一个孩子有病不肯吃药,父亲骗他说药不苦、很好吃,哄他吃下去了,结果治好了病,这种行为该属于哪一类呢?

答:应属于正义类。

苏格拉底仍不罢休又问:如果一个人发了疯,他的朋友怕他自杀,偷走了他的刀子和利器,这种偷盗行为是正义的吗?

答:是,他们也应属于这一类。

问:你不是认为朋友之间不能欺骗吗?

欧谛德谟:请允许我收回我刚才说过的话。

欧谛德谟是如何在苏格拉底的引导下得出什么是正义的?请用流程图的方式表述。

材料2:火星上真的存在生命吗?

美国航空航天局以麦凯为首的科学家小组宣布火星上可能存在过生命,其主要根据是来自对一块据称是火星生物化石的分析测试。这块编号ALH84001的陨石是1984年在南极冰原上发现的,大小像土豆,颜色呈灰色。据悉,这块陨石是45亿年前形成的,大约1600万年以前从火星掉到地球的南极冰原上。麦凯科学家小组使用各种现代技术,经过两年多时间艰苦的探索,已经获得了一些有价值的结果。对ALH84001陨石的分析结果如下:

在陨石内部的空腔内,有棕黄色的碳酸钙小球,它与地球的石灰岩相似。形成石灰岩需要有水,而今天火星上没有水,但有30亿年前形成的干涸的河床。因此,ALH84001内的碳酸钙就是在古代多水期形成的。在陨石内的小球周围,存在着含铁和含硫化合物的微粒,它的形状、结构和成分都类似于地球上由于生物活动而产生的微粒。在陨石中还发现了与生命有关的多环芳香族碳氢化合物(简称PAH)分子,并初步认为它们是由简单的有机物质腐烂而形成的。电子显微镜拍摄到奇怪的微小结构物,其大小和形状很像地球上的微生物。据此,麦凯小组认为,它们是火星上古代单细胞生物遗骸的化石。

除了用测试结果证明火星上有过生命以外,我们还可以根据这些结果,用创造演绎思维方法推知火星上是否存在过生命。请运用演绎思维方法,尝试对火星上是否存在过生命进行推导。

例如：

Step1：(_____)。
水是生命体生存所必需的条件。
所以，地球上存在生命。
Step2：火星上有古代干涸的河床。
火星上古代有生命存在的条件。
所以，(_____)。
Step3：微生物是生命体。
(_____)。
所以，地球上有生命。
Step4：火星上有微生物化石。
火星上有过微生物。
所以，(_____)。

训练项目七：统计分析法

一、训练目的

通过对材料中出现的与犯罪有关的情况及相关数据的描述，根据目的要求进行数据结构的设计，对数据进行整理，得出调查统计报告。

二、任务要求

阅读2000~2017年最高人民检察院和最高人民法院的工作报告，根据报告中对于刑事犯罪案件状况的描述，分析刑事案件、治安案件的数量关系，分析2017年主要犯罪类型的特点，对未来一年的犯罪发展趋势进行预测分析。

三、训练内容

材料：刑事犯罪案件状况

根据全国公安机关的统计，2017年全国刑事案件立案数同比有所下降，尤其是严重暴力犯罪案件下降幅度较大，刑事案件破案率明显提高，人民群众安全感和满意度大幅度提升。2017年1~11月全国放火、爆炸、劫持、杀人、伤害、强奸、绑架、抢劫等严重暴力案件同比下降15.6%，比2012年下降51.8%；全国重特大道路交通事故比2012年下降43.8%。2017年全国命案新发案件数量下降9.7%，新发命案破案率高达98.8%，全国命案积案破案数上升95.1%，中国已成为世界上命案发案率最低的国家之一，每10万人发生命案0.81起。传统侵犯财产犯罪和电信网络诈骗破案率得以提高。2017年全国公安机关共破获传统盗抢骗案件167.2万起，新发案件破案率同比上升 4.5%。在"侦查打击—重点整治—防范治理"三位一体的治理模式下，电信网络诈骗犯罪呈现出立案数、群众经济损失与破案数、查处违法犯罪人员数"双降双升"的态势。2017 年全国公安机关共立案电信网络诈骗案件 53.7 万起，同比下降 6.1%，群众经济损失同比下降 29.1%；全国公安机关共破获电信网络诈骗案件 7.8 万起，查处违法犯罪人员 4.7 万名，同比分别上升 55.2%、50.77%。

全国检察机关依法履行批准逮捕、提起公诉等职责，惩治电信网络诈骗等突出犯罪，切实保护公民人身权、财产权、人格权，维护国家安全和社会稳定。2013~2017 年，全国检察机关共批捕各类刑事犯罪嫌疑人 453.1 万人，较前 5 年下降 3.4%；起诉 717.3 万人，较前 5 年上升 19.2%；其中 2017 年批准逮捕各类刑事犯罪嫌疑人约 107 万人，提起公诉 166 万余人，同比均有所上升。

全国各级人民法院严惩危害国家安全、暴力恐怖、贪污贿赂、严重危害群众生命财产安全、侵害妇女儿童权益等突出犯罪，深入推进平安中国建设。2017 年全国人民法院新收刑事一审案件约 120 多万件；判决生效被告人约 127.6 万人，同比都有所上升。

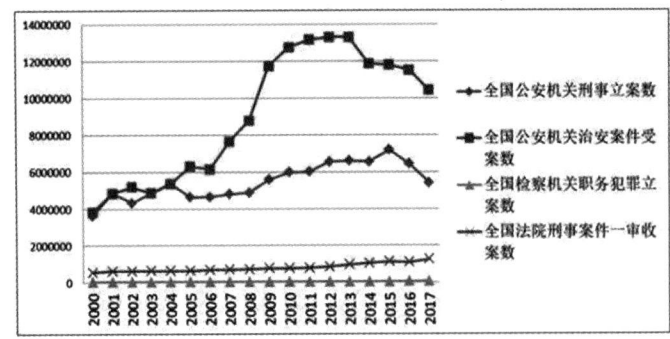

图 4-1　2000~2017 年全国公安机关刑事案件立案数、治安案件受案数，全国检察机关职务犯罪立案数和全国法院刑事案件一审收案数趋势图

四、要点提示

（一）2017 年主要犯罪类型特点

1. 非接触性侵犯财产犯罪增多，电信诈骗犯罪案件下降；
2. 严重暴力犯罪持续下降，暴力恐怖犯罪、个人极端暴力犯罪仍需重点防控；
3. 涉众型经济犯罪加剧社会风险，新技术增强了违法犯罪的隐蔽性；
4. 互联网成为犯罪的天堂和引擎，网络安全是国家安全的关键；
5. 网络涉黄赌毒愈发严峻，毒品犯罪呈现新特点、新趋势；
6. 性侵儿童问题再次引起社会关注，校园欺凌和虐童事件层出不穷；

7. 基层职务犯罪问题突出,"蝇贪"和"保护伞"危害基层政权。

(二) 2018 年中国犯罪形势预测与刑事政策

1. 加强重点领域经济犯罪风险的预警预测;
2. 加大多发性犯罪的预测预警和预防;
3. 扫黑除恶与基层政权建设相结合;
4. 惩治"微腐败"和"保护伞";
5. 事先预警和预防网络犯罪;
6. 深化共建共治共享的犯罪治理模式。

训练项目八:数据挖掘法

一、训练目的

数据的核心价值在于数据背后潜在的价值,运用数据挖掘、分析和处理技术,可以发现数据背后的规律、特征,实现数据的价值。通过对数据挖掘法的训练,锻炼学生运用数据挖掘方法对事件深入分析的能力。

二、任务要求

阅读材料 1 和材料 2 中的内容,分析中国移动公司如何使用数据挖掘的方法拓展公司业务?奥巴马如何运用数据挖掘技术赢得总统大选的胜利?

三、训练内容

材料 1:中国移动的数据化运营

通过大数据分析,中国移动能够对企业运营的全业务进行针对性的监控、预警、跟踪。大数据系统可以在第一时间自动捕捉市场变化,再以最快捷的方式推送给指定负责人,使他在最短时间内获知市场行情。

客户流失预警:一个客户使用最新款的诺基亚手机,每月准时缴费、平均一年致电客服 3 次,使用 WEP 和彩信业务。如果按照传统的数据分析,可能这是一位客户满意度非常高、流失概率非常低的客户。事实上,当搜集了包括微博、社交网络等新型来源的客户数据之后,这位客户的真实情况可能是这样的:客户是在国外购买的这款手机,手机中的部分功能在国内无法使用,在某个固定地点手机经常断线,彩信无法使用——他的使用体验极差,正在面临流失风险。这就是中国移动一个大数据分析的应用场景。通过全面获取业务信息,可能颠覆常规分析思路下作出的结论,打破传统数据源的边界,注重社交媒体等新型数据来源,通过各种渠道获取尽可能多的客户反馈信息,并从这些数据中挖掘更多的价值。

数据增值应用：对运营商来说，数据分析在政府服务市场上前景巨大。运营商也可以在交通、应对突发灾害、维稳等工作中使大数据技术发挥更大的作用。运营商处在一个数据交换中心的地位，在掌握用户行为方面具有先天的优势。作为信息技术的又一次变革，大数据的出现正在给技术进步和社会发展带来全新的方向，而谁掌握了这一方向，谁就可能成功。对于运营商来说，在数据处理分析上，需要转型的不仅是技巧和法律问题，更需要转变思维方式，以商业化角度思考大数据营销。

材料2：大数据竞选

2012年，参与竞选的奥巴马团队确定了三个最根本的目标：让更多的人掏更多的钱，让更多的选民投票给奥巴马，让更多的人参与进来！

这需要"微观"层面的认知：每个选民最有可能被什么因素说服？每个选民在什么情况下最有可能掏腰包？什么样的广告投放渠道能够最高效地获取目标选民？如竞选总指挥吉姆·梅西纳所说，在整个竞选活动中，没有数据做支撑的假设不能存在。

为了筹到10亿美元的竞选款，奥巴马的数据挖掘团队在过去两年搜集、存储和分析了大量数据。他们注意到，影星乔治·克鲁尼对美国西海岸40~49岁的女性具有非常大的吸引力：她们无疑是最有可能为了在好莱坞与克鲁尼和奥巴马共进晚餐而不惜自掏腰包的一个群体。克鲁尼在自家豪宅举办的筹款宴会上，为奥巴马筹集到数百万美元的竞选资金。

此后，当奥巴马团队决定在东海岸物色一位对于这个女性群体具有相同号召力的影星时，数据团队发现莎拉·杰西卡·帕克的粉丝们也同样喜欢竞赛、小型宴会和名人。"克鲁尼效应"被成功地复制到了东海岸。在整个竞选活动中，奥巴马团队的广告费用花了不到3亿美元，而罗姆尼团队花了近4亿美元却落败，其中一个重要的原因在于，奥巴马的数据团队对于广告购买的决策，是经过缜密的数据分析之后才制定的。一项民调显示，80%的美国选民认为奥巴马比罗姆尼让他们感觉自己更加被重视。

结果是，奥巴马团队筹得的第一个1亿美元中，98%来自于小于250美元的小额捐款，而罗姆尼团队在筹得相同数额捐款的情况下，这一比例仅为31%。

项目 五

犯罪制图

任务一 犯罪制图概述

教学目标

掌握犯罪制图的基本类型。

理论链接

犯罪制图（crimemapping）是以空间地理信息为参照，操作与处理犯罪数据，以可视化形式显示、输出对特定用户有用的信息的过程，是一种有效的情报分析和侦查工具。它是与情报学、侦查学、犯罪学、制图学以及地理信息系统等理论技术相结合的综合应用系统，既可以用于警务管理，也可以用于战略情报和战术情报的分析，以有效地打击、预防和控制犯罪活动。警务信息系统将警察机构的辖区地图与其他警务记录联系在一起，以计算机制作的犯罪分布图、报警求助图和警务活动图取代了老式的"大头针地图"。

犯罪制图是各类犯罪分析的有效补充。根据制图的情形不同，对犯罪制图可以作如下分类：

一、情报分析图

情报分析图是识别犯罪的网络、犯罪行为以及帮助警察部门抓捕违法者的主要手段之一。犯罪网络通常与有组织犯罪、团伙犯罪、毒品犯罪、金融诈骗犯罪或者这些犯罪企业联盟相关。情报分析是由警察部门实施的，并且主要关注发生在特定辖区的犯罪行为。警察部门经常与关心他们自己辖区内违法犯罪的临近警察部门和国家工作人员一起开展情报分析工作。

情报分析图制作的根据大多是由警察通过监听、窃听、特勤、参与观察等方式所获取的数据。被分析信息的类型不局限于犯罪信息，也包括通信往来信息、活动轨迹信息、金融和税收信息、被调查人员的家庭和商业关系等。通过分析这些数据，情报分析人员可以对信息进行关联、筛选、识别关系和寻找进一步侦查的方向。情报分析人员与其他部门的警务人员密切合作，通常情报分析人员也是警务人员。

二、刑事侦查分析图

刑事侦查分析的主要目标是通过推断嫌疑人的个人特征，帮助刑事侦查人员识别和筛选嫌疑人。刑事侦查分析图主要是指刑事犯罪地理画像和犯罪心理画像。犯罪分析人员使用犯罪者在犯罪时所留下的痕迹，推断犯罪者的相关特征，如性格特征、生活习惯、工作方式等。例如，非常血腥和凌乱的犯罪现场与血迹被完全打扫干净的犯罪现场，所指向的犯罪类型可能是不同的。

刑事侦查分析的一个分支是地理画像，在地理画像中分析人员使用犯罪者犯罪的地理位置识别和筛选犯罪者可能的居住位置。这类分析的目标是识别和抓捕相应位置的犯罪者。

三、战术性犯罪分析图

战术性犯罪分析图是指通过分析近期发生的犯罪事件和犯罪行为的特征，如犯罪发生过程、时间和空间等，为模式识别、侦查对象、嫌疑人识别和串并案提供帮助。战术性犯罪分析重点关注近期发生的犯罪和有关犯罪方法、涉案人员、涉案车辆的特定信息。分析数据主要来自正式的警察报告，其中包括犯罪的时间、日期、地点、位置、犯罪特征等信息。通常进行战术性犯罪分析的犯罪类型是犯罪者与受害者不认识的犯罪，如商业区入室盗窃、居住区入室盗窃、盗窃车内物品、盗窃车辆、抢劫和陌生人性犯罪等。战术犯罪分析还包括对前科人员信息、由警察搜集的有关可疑行为和非法侵入警告的现场信息，以及伤疤文身和其他与现场相关的标志的信息进行分析。

战术犯罪分析的三个主要目标：一是为了识别模式，对犯罪进行关联；二是为了识别犯罪或犯罪模式的潜在嫌疑人；三是为了串并案或破获案件，对已破案件进行关联，寻找突破口。因为侦查人员和警务人员需要投入大量的时间侦查单起案件，所以他们没有时间回过头来运用系统方法识别犯罪模式。战术犯罪分析是事后分析的过程，通过同时分析大量案件，战术犯罪分析师可以识别犯罪模式，寻找潜在的关联犯罪者。

四、战略性犯罪分析图

战略性犯罪分析是通过对犯罪问题和相关警务问题进行研究，识别长期犯罪行为模式，评估警察工作影响力，组织警察部门开展工作等。

战略犯罪分析的两个主要目标：一是为分析和识别长期犯罪问题提供帮助；二是评估警察对问题的影响和警察部门的组织程序。在问题解决过程中，问题分析包括对犯罪率、重复受害、犯罪热点问题和犯罪的环境因素等进行分析。战略分析师的研究发现和对犯罪问题影响的评估，能够帮助警察部门评估他们工作的成效。

任务二　犯罪情报分析图表

教学目标

了解犯罪情报分析图表有哪些种类，每一类图表由哪几部分构成，掌握犯罪情报分析图表的制作方法，并能够根据案例制作相应的分析图表。

理论链接

犯罪情报分析是为了将大量零散的信息进行整理，得出简洁、适当的结论。犯罪情报分析图是对信息进行综合和归纳，将所有信息按照一定的顺序和标准放在一起，在大量杂乱的信息中提取有价值的信息。根据刑事案件的构成要件，情报分析图主要分为关系图、流向图、事件图、行为模式图、案件分析图五个种类，分别对应刑事案件的不同构成要件。关系图，主要反映案件中涉案的人员、组织等涉案实体之间的关系；流向图主要反映案件中涉案物质客体如资金、物品随时间变化而转移变化的规律；事件图反映涉案事件随时间变化的发展顺序；行为模式图反映的是涉案行为随时间变化的发展状况；案件分析图则是根据刑事案件构成要素如时间、地点、人物、事件等利用不同的图形进行综合表现的一种方法。本部分主要对关系图、流向图、案件分析图进行介绍。

一、关系图

关系图是指在犯罪情报分析过程中，用于说明涉案人员、法人组织等涉案实体之间关系的一种图形分析工具。对侦查人员在工作过程中收集到的信息进行梳理，使犯罪信息易于理解和传播。关系图是由一系列与犯罪有关的实体和实体间的关系线组成，表示实体间的关系。

（一）关系图的构成

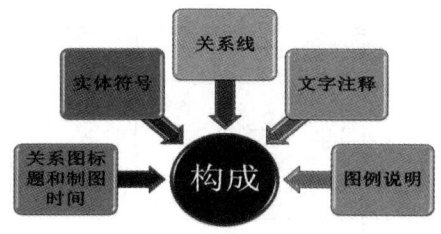

图 5-1　关系图的构成

1. 关系图标题和制图时间。关系图中的标题是概括关系图分析目标,包括犯罪案件的名称、实体的种类(涉案成员、涉案法人组织等),如:"某某犯罪组织成员关系图"。

2. 实体符号。实体符号是用以表明实体种类的图形标记,由文本框和文本框中的文字说明构成。在文本框中用文字标明实体的具体名称,一般情况下,涉案的自然人用圆形文本框表示,涉案的法人组织用矩形文本框表示。文本框可以用不同的颜色来表示不同的角色;相关实体的照片也可以用在关系图中,用以替代实体符号。

关系线是关系图中实体间的连线,是无方向标志的直线。

3. 文字注释。注释的作用是为了让看图者能够非常清楚地了解该图表达的含义。文字注释应当尽量简洁,添加在实体间的连线上,帮助读者了解图形内容。比如,在图 5-2 中,由于添加了文字注释,A、B、C 与银行间的关系便一目了然,A 每周给 C 300 元,B 每周给 C500 元,C 每周将 800 元钱存入银行。

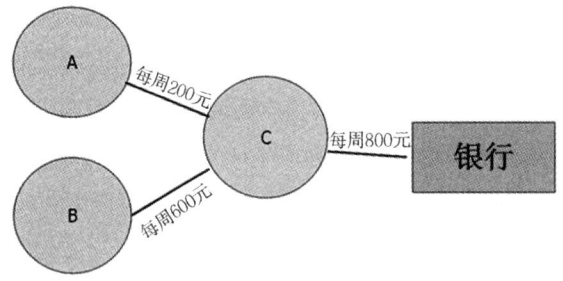

图 5-2 文字注释

4. 图例说明。在关系图中,如果用到一些特殊的图例,应当在图中建立图例说明。如,不同颜色的关系线用来表示涉案实体之间不同的关系,如亲属关系、上下级关系等。

(二)关系图的范例及变体

1. 某人为多个实体组织的负责人。图 5-3 表示的是张山是张山股份有限公司的负责人,又是前进有限责任公司的负责人。

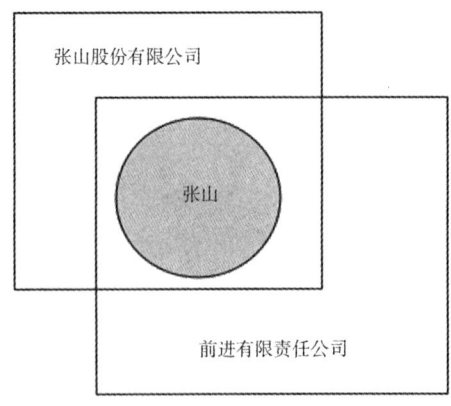

图 5-3 某人为多个实体组织的负责人

2. 某个经济组织由多个人控制。

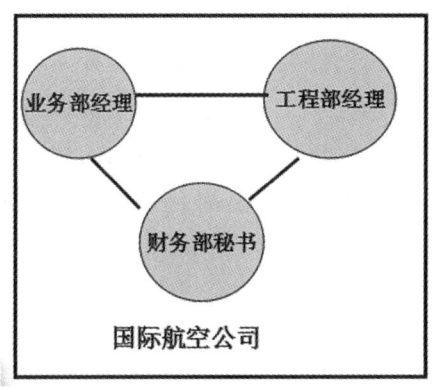

图 5-4-1　某经济组织由多人控制
（相互之间存在关系）

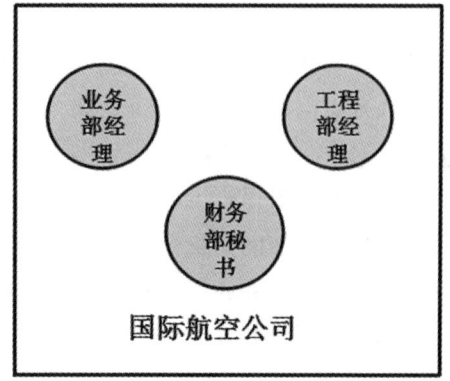

图 5-4-2　某经济组织由多人控制
（相互之间无关）

3. 某自然人与经济实体之间的关系。

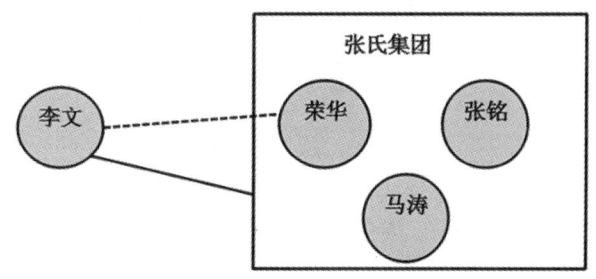

图 5-5　某自然人与经济实体之间的关系

4. 两个实体之间的关系。

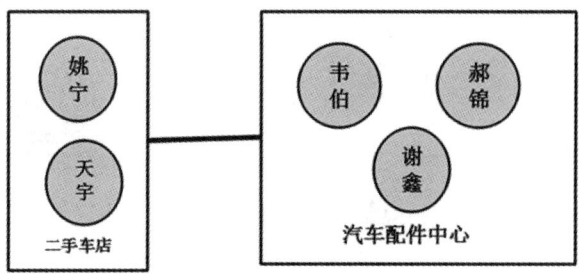

图 5-6　两个实体之间的关系

二、流向图

流向图指在犯罪情报分析过程中,根据案情分析的需要,将涉案物质客体随时间变化而转移、变化的规律用图形表示出来的一种图形分析工具。它有助于侦查人员认识案件;有助于侦查人员提高对犯罪行为或犯罪组织的理解。根据流向图的相关支撑材料是否全面,可以将流向图分为两类,确定性流向图和假设性流向图。确定性流向图指在全面、确凿的信息材料的基础上构建的流向图;假设性流向图指由于信息材料不全面,只能根据客体在转移过程中的前后环节情况进行合理假设而构建的流向图。

流向图制作步骤如下:

1. 分析研究关系图。就某一个案而言,涉案物质客体的流动离不开案件中的涉案实体,涉案客体必然是在各涉案实体之间流动,分析研究关系图的目的是搞清实体及实体之间的关系,为构建流向图做准备。

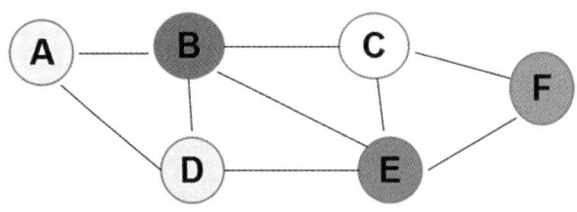

图 5-7　案件关系图

2. 确定关系图中需要分析其转移情况的实体和实体的流动方向。在关系图的基础上,情报分析人员应根据某涉案客体在流转环节中涉及的实体情况,确定哪些实体应在流向图中出现,哪些实体应在流向图中抹去。

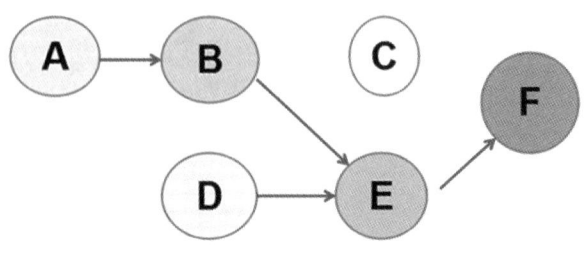

图 5-8　流向图

3. 构建流向图。在确定了关系图中相关的实体和关系线之后,根据流转客体的流动方向,将关系线变换成带箭头的流向线,流向图基本构建完成了。

三、案件分析图

在侦查工作的初期，通常会利用关系图、事件图、流向图等工具对涉案的主体、物品、事件等信息进行分析，但是随着侦查工作的推进，需要对案件中的各种构成要素进行信息集成，这时需要制作案件分析图，帮助侦查人员对案件进行深入分析。案件分析图由一些需要分析的案件构成要素组成，包括时间、地点、人物、事件等，分别用时间线、圆形框、矩形框、主题连线、三角形框等进行表示。

（一）案件分析图的构成

1. 时间。在案件分析图中，时间一般使用时间线进行表示。

2. 人物。包括被害人、犯罪嫌疑人、证人等，使用圆形文本框进行表示。

3. 主题连线。主题线以人为起点，以时间顺序为方向，将人物与其相对应的事件进行串联，分为实线和虚线两种形式。

4. 事件。每个与案件有关的事件都在一条以人为纽带的主题线上，并以时间为顺序进行排列。事件一般用矩形文本框进行表示，对于未知的事件使用三角形空白框进行表示。

（二）案件分析图的制作步骤

1. 仔细阅读与案件有关的犯罪情报信息资料。在制作案件分析图之前，对案件中有关资料信息进行阅读和研究，对与案件有关的人、物、时间、地点、事件、通信往来情况进行深入研究，一一找出，为制作案件分析图做准备。

2. 讨论确定案件分析图的分析主题。案件分析图的主题是分析图要表示的内容和目标，只有确定了主题，才能对相关资料进行筛选，并有目的地进行分析图的制作。

3. 确定主题连线及其顺序。确定了分析图的主题后，将具体的主题连线起点内容、类别进行确定，并按照合理的逻辑顺序在图上进行排列。

4. 绘制时间线及事件文本框。根据事件发生的时间顺序，在分析图上绘制时间线，时间线中的时间点必须包括事件发生的时间，并将事件文本框按照主题及时间顺序在图中进行排列。

5. 审核分析图。在绘制完成后，对案件分析图进行细致的审核检查，与相关情报信息进行对比，对图中各个主题线及事件文本框排列顺序的合理性进行核对调整。

(三) 案件分析图范例

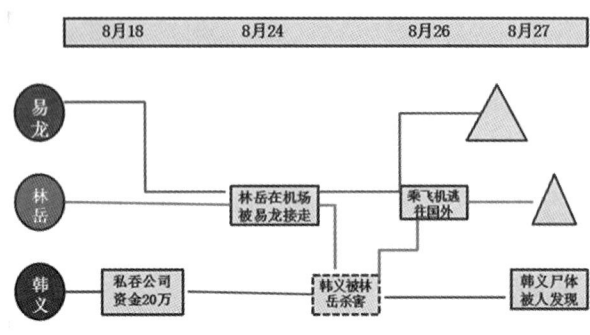

图 5-9　案件分析图示例

任务三　刑事侦查分析图

教学目标

了解犯罪心理画像的概念和依据，知晓犯罪地理画像的相关基本理论。

理论链接

一、犯罪心理画像

刑事侦查是警察的重要工作之一，同时也是一项极富挑战性的工作。接警后尽快赶赴现场、尽力收集现场证据、迅速锁定犯罪嫌疑人，最后，将犯罪人绳之以法，这是每个刑警梦寐以求的愿望。但是，这一愿望经常只能变成奢望。其原因在于有些犯罪人具有一定的反侦查意识和反侦查能力，作案后会将有关物证清理干净，致使侦查人员难以收集到有价值的物证。有时即使可以收集到相关的物证，根据这些物证查证犯罪嫌疑人也是大海捞针，若没有大量的时间和精力，难以奏效。为了克服这些问题，侦查人员开始关注行为证据（behavioral evidence）。相对于物证，行为证据难以清理，而且更为微妙，可以揭示犯罪人特有的一些性状、特征。因此，犯罪心理画像（criminal psychological portrait）应运而生，刑警队伍中出现了一类新的技术人员——心理画像人员（criminal psychological portrait personnel）。

犯罪心理画像就是在侦查阶段根据已掌握的情况对未知名的犯罪嫌疑人进行相关的行为、动机、心理过程以及人员心理特点等分析，进而通过文字形成对犯罪嫌疑人的人物形象及心理特征群的描述。犯罪心理画像并不负责给出一个具体犯罪嫌疑人的姓名，也不会给出一个具体嫌疑人的住址和电话号码。最重要的是，犯罪心理画像的结论不能作为认定某人有罪的证据。犯罪心理画像所能做的就是提供一个非常像那个不知名的犯罪嫌疑人的人物传记式的描述。

（一）犯罪心理画像的基础：行为资料

1. 行为事实的价值。在以往的刑事侦查工作中，刑事侦查人员首先要勘查现场，并力图在现场和尸体上寻找客观的犯罪物质证据。所以，现场与物证历来是刑事侦查学研究的主要对象。刑侦专业公认的必修课有现场勘查、法医和各种物证技术课，但是，专门以"行为"为研究对象的心理学和犯罪心理学往往不被认为是侦查专业的必修课。"行为"因不能作为证据而往往不被视为一种值得收集并进行研究和利用的侦查材料。许多侦查人员从未接受过心理学的学习和训练，甚至至今仍有人认为"行为"或"心理"是一种不科学的东西。这种认识的误区使得侦查中大量的"行为资料"被忽略。这不利于刑事侦查科学的发展。

实践中也多次遇到这种情况：某起案件虽疑似为系列性案件之一，却因为没有物证往往不被纳入系列案件进行研究和分析，理由是缺少并案证据。行为方式能否作为串并案的证据——以往出现的对这类问题的犹豫与回避恰恰表明，刑侦领域没有充分利用行为的研究价值。事实上，不管杀人犯如何作案，只要他抛出尸体；不管流窜犯如何移动，只要他到过现场；不管犯罪人如何狡猾地不留任何个人物证，只要他行动过，这一切都会留下作案人的行为方式及行为痕迹，都会呈现给我们某种行为事实。例如：某犯罪现场在应该有物证的地方没有出现物证，这种客观事实本身就说明犯罪人可能有某种反侦查的行为，由此可进一步分析犯罪人在现场的行为过程与方式并重构其犯罪行为逻辑关系。这对于我们分析犯罪现场及作案人犯罪的心理指向与心理活动水平都具有重要的意义。

2. 行为界定和类型。所有法律意义的犯罪都是一种行为事实，正是这种行为事实造就了犯罪痕迹、犯罪现场和犯罪物证。就此而言，刑事侦查学研究的犯罪痕迹、现场和物证，其发生前提就是行为。此问题的意义在于：对犯罪行为的研究不是刑事侦查学的长项，而是心理学和犯罪心理学的长项。因为对行为或心理现象的专业研究当属心理学，刑事侦查学不能对这样一个基础学科视而不见。心理学将行为（Behavior）解释为"可观察测量的外显反应或活动"。确切地说，作为人的诸种外显反应和活动（既可被直观也可被测量）具体包括这样一些内容：表情、言语和动作。其中后两种行为类型均可构成刑法意义上的犯罪行为。但三种行为都可作为侦查分析的资料。

（1）表情（Expressive），一般是指来自人的脸部或姿态的表示，可反映出人的感知活动、注意活动、思考活动、回忆活动、情绪活动等。表情还具有个性，所以，察颜观色在一定程度上可以发现人的某些心理问题。如某人总是皮笑肉不笑的表情，眼神怪怪的表情，从不正视别人的表情，脸部肌肉经常抽搐的表情……刑警在各类侦查中也会发现：惯偷具有"贼输一眼"的表情，卖淫女最有特点的表情是眼神轻佻。除面部外，人还有姿态表情，如站相、行走姿态、动作形态等。在侦查阶段，收集表情资料主要来自被害人、证人的证词,还有侦查人员初步接触犯罪嫌疑人时的印象。这类资料可作为串并案及嫌疑人特征分析的参考内容。

（2）言语（Speech），指人通过声音或借助语言对外界做出的一种表达。心理学称之为"语行为"（Illocutionaryact）。言语同样反映人的许多心理特性：籍贯、受教育程度、性格、思维特点、情绪、心理状态等；沉默也是一种言语风格。言语还分口头言语与书面言语。口头言语如说话、喊叫等；书面言语主要指书写或涂鸦等，如犯罪人在现场墙壁上写字、涂画等。言语本身可直接构成犯罪，如诽谤罪、煽动罪等。同时言语本身还可以成为其他犯罪活动的一部分，如对被害人的命令等。在侦查实践中，通过被害人、证人获取的犯罪嫌疑人的言语资料是非常重要的行为资料。通过言语行为同样可发现嫌疑人在日常生活中的风格，是排查重点嫌疑人参考的外部指标之一。

（3）动作（Action），指由人的肌肉和关节形成的举止活动。人的所有心理活动都伴随着动作，如睡眠中的翻身与肢体活动；所有欲望或目的的实现都需要动作来完成，如清醒时的侧耳倾听，注意时的适应性动作，思考时的凝视，回忆时的眼动，情绪激动时的呼吸急促与面部肌肉变化，得意时的手脚抖动；还有展现个人气质的心理活动的速度与强度，表现性格的热情行为或冷漠外表等；甚至在不可直观只可测量的心理活动中仍有动作表现，如默念时的喉部肌肉运动；意念引导的呼吸或肌肉抖动等。最重要的是，人的目的性动作往往导致某种物质形态的改变并留下痕迹。因动作而产生的物质变化，是刑事侦查中现场与物证的重要基础。因此，能够准确地分析犯罪嫌疑人在现场的动作方式和动作过程，也是寻找犯罪人可能留有物证或痕迹的重要基础之一。

3. 行为方式与行为过程。如果认为行为的价值仅在于可以形成物证、痕迹，我们就可能丧失大量的行为资源。行为资料的价值除可以形成物证或痕迹之外，更重要的还有行为方式与行为过程可供研究。这种行为方式或过程虽不能起到物证作用，但同样可成为一种犯罪侦查的信息资源。

（1）犯罪行为方式。犯罪行为方式一般是指犯罪嫌疑人要通过某种行为方法或形式实现其犯罪目的。同样对被害女性的袭击，有人空手，有人用绳索，有人用匕首，还有人用棍棒。同样入室盗窃或入室抢劫，在时间上有人选白天，有人选黑夜，有人选傍晚；在房屋类型上有人选平房，有人选楼房，有人选村庄，有人选择大杂院；在入侵方式上有人从窗入，有人尾随入门，有人则敲门，还有人破门而入。

研究行为方式的意义在于，某些犯罪行为尽管在现场没有留下物证，但会呈现出某种行为方式，如犯罪人袭击女性后逃走，现场并没有留下任何作案的工具或自身血迹等，并且由于地面原因可能没有留下犯罪人的脚印痕迹，但是从被害人的伤口模式我们可以看出犯罪人袭击女性的行为方式，是用棍棒、匕首还是砍刀。再如抛出的尸块上没有留下任何犯罪人的物证，但尸体分解的形式仍可呈现。所以，行为方式也是行为的空间展现形态。那么，收集这种不能作为证据的行为方式有何意义呢？行为方式可分析嫌疑人的身体条件，如体型、年龄等；可显示嫌疑人最顺手的工具选择及相关生活背景与职业背景，如用匕首和用砖头就有区别；还可显现出嫌疑人的生活背景，犯罪舒适地带往往与犯罪人生活最多的区域非常相似；行为方式还可显现犯罪人的行为习惯。心理学研究指出：某种行为方式在行为成功之后若未被及时发现并受到负面强化时（即惩罚带来的痛苦体验）就会自动被强化（产生成功体验或得意）。这意味着当人再次具有同样目的时会自动地使用同一方式。这种自动重复现象也是人在无意中的一种行为效率的选择。因为成功与经验会使得同一行为的操作更加熟练并省力，更有效率。因此，成功的行为方式会被个体无意识地自动保留并出现习惯行为（也称动力定型），在犯罪心理画像中又称其为惯技。由此可见，即使某些刑事案件不能提取到有用的物证，但犯罪呈现的行为方式也有收集和研究的价值。在缺乏物证的案件中收集行为方式资料就显得更为重要。

（2）犯罪行为过程。犯罪行为过程是指犯罪活动中所表现出来的全部行为的顺序、程序和持续时间。如果说行为方式是行为空间特性的展现，那么，犯罪过程就是犯罪行为时间特性的展现。时间特性并不简单地指犯罪人的作案时间，而是指每次犯罪行为从开始到结束的全程。如：强奸行为往往要经过物色被害人、接触和控制被害人、实施强奸的过程。入室盗窃也有对房屋的观察、进入、翻动、出来、离开等过程。还有嫌疑人在现场停留时间长短，在进入现场前等候时间长短等。

犯罪行为过程如同犯罪行为方式，在体验成功后也会被不经意地保留并重复。因此，犯罪人的行为顺序也是一种值得收集的行为资料。由于犯罪属于社会禁止并要予以惩罚的行为，因此，选择这种对自己充满危险性的行为方式来达到特定目的的人往往具有避免暴露和规避惩罚的事先预谋性。而精心预谋的案件往往具有行为的顺序性。如抢劫银行，犯罪嫌疑人往往要考虑"到达现场先做什么、再做什么，遇到某些情况怎么办"，当考虑得越周到和详细、越接近现实条件时，其实现犯罪目的的可能性就越大。但是，与此同时他们也就会出现行为的"刻板顺序"，即尽管事先想到的某一程序在现实操作中根据现场情况有不必再做的可能性，但他们在现场来不及思考和权衡，往往事实的反应会按原有的程序做完，因打乱事先的设想程序容易造成他们实施行为时的混乱感。所以，有些案件中犯罪人出现的某些多余动作或做法经常让侦查人员感到困惑，了解这种心理现象就可以知道，毕竟事先想象过程与现实操作过程难免有误差，这就造成了现场上的多余行为。最重要的是，这种"刻板顺序"具有"行为资料"收集的价值，可用于串并案分析。若不同地方发生的案件具有相同的顺序就应引起注意。

收集并研究犯罪行为过程资料还有一种价值：由于某些犯罪既有紧张又有风险的双重刺激，对于某种个性的犯罪人而言可以从中找到一种常人无法体验的特殊心理感受，这也会增强某些人的犯罪挑战性的欲望。为了达到这一目的，他们往往精心设计并付诸实施那类风险极高的犯罪行为，并在实现的过程中达到这种特殊的心理体验。

如变态幻想导致的杀人往往就具有事先特殊的幻想,当在脑中想象无数遍的行为过程(程序)被实现时,作案人会刻意地展现脑中的想象顺序,从而使得这种过程带有刻板的仪式特征。某些变态强奸的作案人,往往对被害人有控制的时间、有在其行为中提出各种要求或命令,要求摆出某种动作、发出某种声音或说出某些话等刻板行为仪式。收集这种行为过程资料还可发现嫌疑人的个性与幻想素材,为串并案和分析嫌疑人心理背景提供重要的参考。

4. 犯罪心理画像的根据:心理逻辑。若只研究犯罪的外部行为,那么现有的刑事侦查科学也能达到要求的水准。但是人的外部行为与各种心理活动属于"皮之不存,毛将焉附"的关系。对于行为背后的心理规律的研究恰恰是心理学的专长。心理学自1879年由德国学者冯特(Wundt)创立心理学实验室后被公认为科学,至今已经有百余年的历史,其研究早已深入人类社会生活及众多领域。由于刑事侦查在寻找犯罪证据的同时更要寻找犯罪嫌疑人,因此,以研究人为主项的心理学也必有刑事侦查学科所不及的优势。其中最值得强调的是心理学研究的长项不仅在于对行为的研究,更在于对行为背景的研究,这种"背景"由横向的心理关系和纵向的心理发展组成,形成犯罪心理分析的十字坐标。犯罪行为分析起源于犯罪现场的行为迹象,但真正对犯罪人的分析需要心理学的根据,这是所有刑事侦查学科极少涉及的领域。正如一位侦查人员所言:犯罪心理分析确实不同于现场技术分析,现场技术分析仅根据现场的有形物证,而犯罪心理的分析不仅要根据现场证据提供的信息,还要根据心理学研究出的心理规律进行分析。心理规律也是客观规律,是犯罪心理画像所特有的根据,由此决定犯罪心理画像在侦查中特有的应用价值。

(1)心理现象复杂而有规则。人的心理现象极为复杂,这种复杂首先可从现有的心理学科观察出来。心理学可分为普通心理学、社会心理学、发展心理学、生理心理学、变态心理学、实验心理学等,每一学科都有独特的研究角度与体系,并且不能相互替代。其次,还可从心理学研究的流派观察出来。以深层心理现象为研究对象的精神分析理论完全不同于以行为为研究对象的行为主义流派;以人格为研究重点的人本主义心理学也明显不同于以思维为研究主体的认知心理学。大量的心理学流派与心理学科的研究为犯罪心理分析和画像提供了坚实的基础与厚实的背景。纵览个体的心理现象可发现,心理现象是一个复杂的多面体,心理现象有纵横之分,还有内外之分。尽管复杂,但许多心理现象彼此相关,相互影响。了解这些心理活动规则是心理学的基本任务。如我们所有的心理活动都必定有相应的生理活动,有独特的被抚养方式、有个人的各种经历。所有心理现象中我们能够意识到的只是很少的部分,更多的心理活动在意识层面之外。我们以认知的方式同自然和社会互动,以情绪情感的伴随来调整身心,以独特和稳定的人格来一统人生。因此,看似复杂多变的心理现象却乱中有序、动中有规。如体格与性格有关,智力与能力有关,成长环境与言语习惯有关,职业与习惯动作有关,经历与性格有关,拒绝表现与潜意识有关。在犯罪心理学中也可观察到，犯罪类型往往与作案人的体格类型有关，犯罪人的情绪往往与犯罪人的认知有关，而犯罪认知又与作案人的生活经历有关等。诸如此类的横向心理关系不胜枚举。

因此，分析犯罪心理完全可以运用已被认可的心理研究成果进行心理之间的横向分析。根据犯罪行为目的追溯其内心指向（即犯罪动机分析），再根据犯罪动机探究其需要的类型或相应的嗜好，进而分析其日常满足此类需要的生活场所；再如根据犯罪行为呈现的方式，我们可以探究其行为形成的训练背景或某种生活需要的动作重复背景，由此发现相应的职业或生活经历；我们还可以根据犯罪实施的特殊表现进行犯罪人个性的分析，从其现场的行为异常与否判断嫌疑人的精神状态等。

（2）心理活动多变但仍有轨迹。众所周知，诸种道路中唯铁路有轨，其轨道的风格完全不同于可随意改道的公路风格，那是一种连续且具有必然关系的线路。轨迹常用来比喻人生的经历，如人生轨迹，这说明人的心理发展自有因果联系，有其必然的轨道。上述诸多的心理现象不仅横向有规则，更具有纵向的逻辑关系。如被孕育期的胎动与出生后的气质、性格有关；出生后的情感、言语、社会性、认知等顺序性发展又将决定其后一生的性格、能力、观念或信念等人格发展。在个人的心理发展中，环境、抚养方式、教育背景、个人特有的经历事件等都会嵌入到每个人的心理内容与心理征象中，形成稳定的心理风格，即人格。人格就是那种一旦形成终身具有的心理内容，如兴趣、智力特点、气质、性格、习惯等。这种具有纵向连续性的人格完全可用于对嫌疑人进行心理分析与画像的推断。犯罪心理学的犯罪分析与侦查专业的犯罪分析的区别在于，犯罪心理分析和画像不仅依据犯罪行为痕迹和行为结果，最重要的是还依据人的心理发展逻辑或轨迹。仅以性格为例，因其完全在后天形成，故性格中必然体现个人曾有过的生活背景，而对嫌疑人"生活背景"的描述也是排查重点嫌疑人的一种参考指标。因性格属于社会行为方式，犯罪也是一种社会行为，故性格必然在犯罪中有所体现。从犯罪行为中找出行为人的性格特征，再从性格特征推断作案人的日常生活特点，这是心理学提供给我们的另一种心理事实。

人的犯罪行为尽管具有情境性和偶然性，尽管具有故意性与遮掩性，但是，犯罪行为毕竟是具有独立人格的人实施的一种活动，因此偶然的行为多少会体现出一些必然的个性倾向或特征。这意味着，人的某次犯罪行为可以因其故意而不同于平时的做法。但是，一方面由于实施危险并需要快速完成的犯罪活动时需要熟悉便捷的方式（熟练即习惯）；另一方面，犯罪的成功会刺激犯罪人再次实施相同的犯罪，当犯罪被紧张刺激地操作、被再三地重复，作案人其人格中各种定型的心理倾向与心理特征就会在不经意间流露于犯罪之中。除上述的性格外，还有一贯的兴趣、有个性的需要内容、独特的看法、气质特点、智力水平等，都会在犯罪实施中予以展现。根据笔者对一些犯罪个案的分析发现，即使属于个人任意或偶然的行为，如果能够将其连续观察，都可发现案件之间具有不属于物证而属于个人心理风格的特性。收集案件中这种个性的迹象，就可扩大我们侦查分析的领域。

此外，在侦查讯问和调查走访发问时也要有意收集犯罪嫌疑人个性的心理信息，如早期的违法类型、初期犯罪的年龄、曾经的职业、去过的地方、日常的习惯等，由此建立犯罪人格信息库。

研究发现，犯罪人早期生活经历与其后来的犯罪行为方式密切相关，作案人选择犯罪侵害目标、侵害人员、作案地点等都与他过去的生活事件有关，这就是个人心理发展与其行为的关系、人格特征与其行为的关系。

综上所述，有意收集"行为资料"和"人格资料"进行心理专业的统计分析和利用，不仅是刑事侦查可支配的一笔宝贵财富，也将使刑事侦查对犯罪嫌疑人的分析更趋于完整并科学化。同时，准确地认识与评价侦查中犯罪心理画像的应用价值非常重要。犯罪心理画像对侦查而言不是可有可无的问题，而是如何更好地利用其研究并扩展刑事侦查能力的问题。

二、犯罪地理信息图

犯罪制图技术的形成和发展来源于犯罪地理学说。早在 19 世纪欧美很多学者就将犯罪与地理、地形联系在一起研究，并形成了犯罪地域说、犯罪区位说、犯罪同心圆论等犯罪地理学说。犯罪地域说是犯罪地理学派的一种观点，这种观点最早可见于孟德斯鸠的《论法的精神》。此后意大利的龙布罗梭（Cesaero Lmborso）和菲利（Ferri）、英国的罗森（Rawson）、德国的阿沙芬堡（Gustav Asehanbnbuyg）、俄国的巴拉诺夫斯基（Tugan Baranovsky）等都在其著作中阐述了犯罪地域说思想。犯罪地域说从地域分布、地理条件的角度研究犯罪的成因，认为不同的地域其自然环境要素存在着差异，社会环境要素及历史环境要素也存在着差异，因而人们的生理和心理状况也存在着差别。于是，在这些不同的地域，犯罪的数量、类型和特性以及社会对犯罪的态度和控制能力也就不同。龙布罗梭在《犯罪人论》中就研究了法国的平原、多小山地区和山岭区域对犯罪数量和犯罪类型的影响。

犯罪行为、犯罪数量、犯罪类型与地域有着紧密的联系，将犯罪地点的社会结构背景纳入其研究范围，并运用统计学、社会学和生态学方法，对自然环境的其他要素对犯罪的影响进行研究。1839 年罗森在《对英格兰和威尔士犯罪统计的探讨》中，公布了其对 19 世纪 30 年代有关犯罪的统计数据。该研究发现犯罪主要发生在大城市中，采矿区的犯罪率是整个国家犯罪率的一半左右。在英格兰北部丘陵地区和威尔士乡村地区，犯罪率仅仅为国家平均犯罪率的 1/3 左右。地域固然是影响犯罪的一个重要因素，但是需要考虑地域的人文环境、经济资源，以及与其他地域的空间关系和内部的联系，才能更好地研究地域犯罪。

犯罪区位说是研究社会环境和社区环境对犯罪行为的发生与发展的影响的一种理论，主要代表人物有英国的帕提瑞克（Pticrk）、梅林（Mayhew），法国的格雷（A. M. Gue）、美国的林德（H. M. Lynd）、科恩（L. Cohen）、费尔森（M. Felson）、帕克（R. E. Pakr）和怀特（W. F. Whyte）。帕提瑞克在1796年运用区位思想探讨和分析了英国伦敦的社会违法犯罪现象，他被称为犯罪区位论鼻祖。1833年，格雷在《论法国的道德统计》一书中，通过着色生态地图对法国一些地区侵犯人身和财产的犯罪的犯罪率进行分析，用地图上的不同颜色表示与不同社会因素有关的犯罪率的变化。格雷的研究发现，犯罪现象在时间和空间上的分布是不均衡的，它伴随时间、空间的变化而呈现出不同的特点，这种结论充满了浓厚的犯罪区位论思想。犯罪生态学者梅林于1851~1862年出版四卷本著作《伦敦的工人和伦敦的穷人》，书中对犯罪场所、犯罪人居住地区等问题作了分析，绘制了各地区被监禁和保释的犯罪人数量的图表，发现工商业城市中心的犯罪率高于平均数，边远地区低于平均数。

在20世纪30年代以后，以著名区位论学者林德为代表的一些犯罪学家对违法犯罪行为人的住所与违法犯罪场所之间的关系进行了研究，得出了一个重要的区位理论结论，即个人离开家庭的倾向与社会违法犯罪现象之间具有很强的正相关关系。20世纪70年代以来，面对社会日新月异的变化，美国犯罪学家科恩和费尔森等人对犯罪区位论进行了更深入的研究，认为违法犯罪活动的变化波动，并不需要依赖于犯罪动机的增加，只需外在的社会环境提供更多、更便捷的犯罪机会即可。帕克的《城市社区》和怀特的《街角社会》都有犯罪区位说思想。犯罪区位论研究的重点不是犯罪行为，而是社会、社区结构和生活方式如何成为犯罪行为形成的动力机制。犯罪区位论把违法犯罪行为划分为四种类型：竞争性违法犯罪行为；剥夺性违法犯罪行为；相互性违法犯罪行为；个人性违法犯罪行为。犯罪区位论认为违法犯罪行为之所以能够发生，其原因是社会大环境和社区小环境为违法犯罪行为提供了必须的条件，即使那些看上去似乎无计划的突发性犯罪行为，也有特殊的社会和社区环境为背景。更进一步来说，违法犯罪行为的发生离不开合适的标的要素，而社会上客观存在的任何足以引发违法犯罪行为的事物都可能成为一个"合适的违法犯罪标的"。芝加哥犯罪学派以社会环境为基础，研究城市犯罪生态学，对城市犯罪的成因和地理分布进行了系统研究，并提出了"犯罪生态学论""犯罪同心圆论""芝加哥区域计划"和"社会解体论"，在这些理论中，对犯罪地理学产生重大影响的首推犯罪同心圆论。犯罪同心圆理论是伯吉斯在研究城市发展中的"侵入、统治、接替"过程中提出来的。伯吉斯以芝加哥市为例，将其看成一个圆形城市，随着城市的发展，其形成了五个界限分明的同心圆地带。第一圈即处于城市最里层的最小圆圈，是城市中心商业区。第二圈为过渡区或中间地带（工厂区）。第三圈为工人住宅区。第四圈为中上阶层住宅区。处于最外层的第五圈为城市的郊区或卫星城。伯吉斯通过研究发现，犯罪行为多发生在第一圈的中心商业区与第三圈的工人住宅区之间的地带，即城市的间隙地带。在这个过渡地带犯罪最多，而离中心商业区越远，犯罪越少。但是在大商场和工业中心附近的地方，犯罪呈"岛状效应"，犯罪率又高起来，而离其越远，犯罪率则又越低。犯罪同心圆论对于说明城市的犯罪分布有一定意义，但不能解释农村的犯罪现象。该理论对亚文化群论的产生起着重要的作用。通过犯罪地理学说发展沿革，可以发现欧美犯罪地理学说为犯罪制图提供了理论思想。

从各种犯罪地理学说中提炼出的犯罪空间论构成了现代犯罪制图的理论基础。由于人口、资源、经济、民族、宗教、地缘政治等人文地理环境的不同，经过长期的发展和演变形成了不同地域所特有的空间环境，所滋生的犯罪问题就具有不同的特征。城市内部要素分布的差异性和不平衡性，导致要素在不同部位上的空间组合形成了担负不同功能的区位单元，这些区位单元按照功能的要求又形成了不同的城市区位结构，所发生的犯罪现象也会具有不同的特征。城市空间环境的形态布局，如建筑构造、社区分布、交通路线、功能区划分等，会形成一定的空间盲区，这些盲区为犯罪活动提供了一定的场所和途径。

由此可见，犯罪空间论为犯罪制图技术的设计提供了理论支撑和改进方向。犯罪空间论所遵循的目的是更有针对性地计划警察的行动和组织方式，它也适用于为了犯罪预防的目的进行城市规划和建筑设计，不创造有利于犯罪、诱发犯罪行为的机会，并且为了一种有效的非正式社会监督，在有利于形成居民集体的意义上影响一个地区内部的社会过程。同时，犯罪制图也深化和发展了犯罪空间论。通过犯罪制图所呈现出来的犯罪空间模式和犯罪形态的空间特征，可以进一步研究犯罪形成的地理空间环境，分析犯罪行为产生、蔓延的原因，确定空间盲区和犯罪热点，寻找犯罪空间分布与组合的规律性，为公安部门积极地预防和控制犯罪提供理论依据和实践指导。

复习与思考

1. 犯罪制图的种类有哪些？
2. 犯罪分析图表包括哪几种类型？
3. 关系图的概念是什么？由哪些部分构成？
4. 流向图的概念是什么？制图步骤包括哪几步？
5. 案件分析图由哪些部分构成，制图步骤是什么？
6. 犯罪心理画像的依据是什么？
7. 犯罪地理画像的主要理论有哪些？

能力训练

训练项目一：关系图制作

一、训练目的

关系图和流向图是分析图表制作中常用的图标，可以清晰地反映出涉案嫌疑人、地点及涉案物品的相互关系和转移关系。

二、任务要求

结合以下某贩毒案件的相关犯罪信息报告表所提供的信息，制作完成该案件的关系图、流向图。

三、训练内容

情报信息1：根据某秘密侦查人员的报告，他确认陈某明与化名为"大侠"的男子于2013年8月15日在中央公园会面，并亲眼看到"大侠"将一包东西交给陈某明。

情报信息2：根据秘密侦查人员的报告，陈某明于2013年8月16日上午10时许到过越秀区阮某辉家中，阮某辉有吸毒史，曾因吸毒被强制隔离戒毒。

情报信息3：通过技术监控手段发现，2013年8月16日阿聪发短信到陈某明手机，内容是"按100元1克的价格，给我准备3盒冰毒，今晚22时在海珠区江南西路口见"。

情报资料4：根据可靠消息，2013年8月16日20时，陈某明和"大侠"在中央公园见面，10分钟之后化名为"瓜华子"的男子到场，并将一包东西交给陈某明。

情报资料5：根据技术监控得知，2013年8月16日20点30分左右，陈某明打电话给阮某辉，电话中称，有客户要买冰毒需要其帮忙。随后陈某明到达阮某辉家楼下，将一包东西交给阮某辉，二人一起离开。

情报资料6：根据视频监控显示，2013年8月16日22时许，陈某明在江南西肯德基与阿聪见面，两人交谈一会儿之后，阮某辉进来和他们坐在一起，用弹簧秤称过一个小包东西之后将其交给阿聪，阿聪将一个信封交给陈某明。随后三人各自离开。

训练项目二：案件分析图制作

一、训练目的

案件分析图是对案件中涉案人员、地点、物品随时间变化推进发展的展示图形，案件分析图的制作对案件的分析和侦破具有非常大的帮助作用。

二、任务要求

阅读下列案件材料，结合案件分析图的构成及制作步骤，制作本案的案件分析图。

三、训练内容

材料：周某华，男，1970年2月6日出生，汉族，初中文化，重庆市沙坪坝区井口镇二塘村人，身高1.67米，中等偏瘦身材，肤色较黑；长方脸，眉毛较浓，双眼皮，右眉中部有一颗约2×2毫米的黑痣，左耳廓后有一颗约1×1毫米的黑痣，右上唇有一块约5×2毫米的泛白胎记。操重庆口音或带重庆口音的不标准普通话,会驾驶汽车。

现已查明,2004年以来,周某华在江苏、湖南、重庆等地多次作案,杀死杀伤多人,抢劫巨额现金。2004年4月22日中午12时左右,重庆市某酒店的出纳和会计2名女职工,到江北区五黄路分理处取款后,被持枪歹徒抢劫,歹徒开枪打死1人、打伤1人后逃逸,抢走现金17万元。2005年5月16日上午9点35分左右,重庆沙坪坝区汉渝路一牛肉馆前发生一起持枪杀人抢劫案件。犯罪嫌疑人尾随2名取款人员(系一对夫妇),开枪打死2名取款人员,枪声惊动一路过的男子,犯罪嫌疑人顺势向该男子射击将其打伤,在抢走2名取款人员的17万元现金后逃逸。

2005年10月16日18时50分,云南省宣威市宣威火车站。从昆明开往重庆途经宣威站的K168次列车很快要进站了。宣威派出所民警正在候车室内对旅客随身携带的物品进行检查。检查到周某华时,民警发现他右腰上别着一把枪。绿色枪套内装着一把五四式手枪,有6颗子弹。周某华很快被当地派出所带走。但是在这个过程中,他没有逃逸、没有袭警。2006年2月21日,周某华因非法运输枪支罪被云南省昆明铁路运输法院判处有期徒刑3年。

2009年3月19日晚上7时42分许,位于重庆市高新区石桥铺的成都军区驻渝部队十七团营房门口,站岗的18岁哨兵韩某良被凶徒开枪杀死,他手中的自动步枪被抢走,另一赶来查看的哨兵遇袭重伤。行凶者事后在逃,警方把案件列作恐怖袭击,特种部队夜以继日,全城地毯式搜查缉凶。

2009年10月14日长沙市天心区南郊公园山坡上发生一起枪击案,遇害人李某寿身中6枪,身上20元钱未被抢。2009年12月4日长沙市天心区芙蓉南路新姚路口发生一起持枪抢劫杀人案,犯罪嫌疑人持枪杀害从银行取款出来的郭某,抢走现金4.5万元。2010年10月25日,在长沙市雨花区东二环一段220门前,嫌犯枪杀湖南环城经贸公司经理肖某,抢走其手提电脑一台。公安机关根据分析,将该案与2009年长沙市系列枪击抢劫案并案侦查。2011年6月28日,天心区桂花坪黑梨路一基建工地附近,一名48岁的长沙市男子张某被一男子开枪击伤,致头部、腰部负伤。伤者当时开了一辆雷克萨斯轿车,下车后中枪。

2012年1月6日,江苏省南京市下关区和燕路一农业银行发生持枪抢劫案。一男性犯罪嫌疑人持枪打死某公司提款人,抢走19.99万元现金后逃窜。

2012年8月10日上午9时34分,重庆沙坪坝区凤鸣山康居苑中国银行储蓄所门前发生一起持枪抢劫杀人案。嫌犯打死2人(重伤者廖某于8月16日凌晨被确定为脑死亡,22日中午出现多器官衰竭,抢救无效死亡)、打伤1人,抢走死者浅黄色女式单肩大挎包,逃离现场后,搭乘摩的逃逸。逃逸后,在警方的搜捕过程中,8月10日中午1点,一位铁路警察身中3枪,2小时后才被发现在草丛中的尸体。后经重庆警方证实这名铁警已经牺牲。

2012年8月14日凌晨6时50分,在公安部统一指挥下,经过重庆等地公安机关连续数日艰苦奋战,犯下累累罪行的公安部A级通缉犯周某华在重庆沙坪坝区童家桥被公安民警成功击毙。至此,苏湘渝系列持枪抢劫杀人案件成功告破。

训练项目三:犯罪心理画像

一、训练目的

犯罪心理画像是刑事侦查中的重要工作之一,专家通过对犯罪行为人的行为、动机、心理过程特点进行分析,对犯罪行为人的形象及心理特征进行描述。通过案例材料的分析,提高学生进行犯罪心理画像的能力。

二、任务要求

结合下文案件材料,对涉案的犯罪嫌疑人进行分析,得出犯罪嫌疑人心理画像。

三、训练内容

材料:1956年12月2日,整个纽约市都沉浸在圣诞节的喜庆之中。位于布鲁克林区的派拉蒙剧院也装扮一新,年底的各种演出安排得很满。傍晚,剧院内1500个观众席座无虚席,人们正忘情地欣赏精彩的演出。大约晚上8点,剧院内突然发出了剧烈的爆炸声。警方随后赶到案发现场,经过排查,确认剧场被人放置了炸弹。这场爆炸案最终造成6人受伤,其中3人伤势严重。剧场爆炸的消息顿时成为各家媒体关注的焦点,整个纽约市都处在恐慌之中。

12月24日,平安夜,纽约公共图书馆的一名员工在电话亭打电话时不小心把一枚硬币掉在了地上。当他弯腰捡硬币时,无意中发现在放电话的架子板下有一只用磁铁吸着的悬挂的栗色袜子。袜子里面装了一根铁管,铁管两头用螺纹帽密封着。在和同事商量之后,他们将这个怪东西从窗户扔到了一墙之隔的布莱恩特公园,随后报警。警方派来了排爆队以及60多名警察进行现场侦查,确认那是一枚自制的炸弹。

一个月之后,位于纽约的一家杂志社收到了一封信,来信者在信中提到,自己曾经在公共图书馆安装炸弹,并声称曾经在派拉蒙剧院的一个座椅底下安装了炸弹。随后,纽约市警察局局长史帝芬·甘乃迪宣布将全力逮捕嫌犯,绝不放过任何一条线索,势必把歹徒绳之以法。

其实,就在这两起爆炸案之前,纽约一直被疯狂的炸弹恐怖所困扰。早在1940年11月16日,就有人在联合爱迪生公司大楼的窗台上发现了一枚炸弹,那是一枚由铝管粗略制造的炸弹,所幸没有发生爆炸。1954年,电台城市音乐厅也发生了爆炸事件。这两件爆炸案发生后,"疯狂炸弹手"的称号随之在媒体界广泛流传。

和其他犯罪类型的恐怖分子一样,许多炸弹手都觉得有必要和他们的既定目标沟通。一般而言，这个目标通常都是社会大众。这名"疯狂炸弹手"每次作案前后都以整齐的正楷字体写信给各家报社，信中署名"F.P."。虽然执笔者很明显地表达了他的愤怒和激动情绪，但在每一段文字中都会出现正式拘谨的语调。信里充满了对联合爱迪生公司的"残暴作为"和"懦弱行为"的指责，同时指出，联合爱迪生公司对他造成了某种伤害或疾病，或有些人使他损失了财物。在一封给《纽约先锋报》的信里，他声明："我不过是要讨回公道！"

刚开始，警察一直秘密地进行调查，不肯泄露犯罪嫌疑人作案的任何一个细节。因为他们认为，放出越多风声，不但会进一步刺激炸弹手作案，也会让一些模仿者竞相效尤，想借此成名。但是，保守秘密丝毫不能阻挡"疯狂炸弹手"的行动，当他持续进行他的爆炸游戏时，民众的愤怒和恐慌随之而起，让警方束手无策。1956年年底，连续发生的爆炸案以及民众的愤怒使警方感到要迫切地加大案件侦破力度，纽约警察局犯罪实验室处长兼检查员郝华·费尼决定大胆尝试新的侦破方法。

四、要点提示

精神病理学家詹姆斯·布鲁塞尔大夫分析了犯罪现场的照片和恐吓信，并请警官为他讲解现场找到的爆炸物。随后警方按照布鲁塞尔大夫所说内容给"疯狂炸弹手"画出了如下"画像"：

40~60岁男性；具有像运动员一样匀称的体型；具备金属制造、组装管线和电工的知识（有军事背景或在爱迪生公司就职）；曾遭受不白之冤，使他形成慢性疾病；偏执狂；有稳定、系统的并伴有逻辑参与的妄想症；病态地以自我为中心；就职时是一名优秀的员工；有良好的教育背景，不是大学文凭就是高中毕业；未婚；可能是处男；独居或与母亲一样的女性居住；斯拉夫裔（东欧移民）；罗马天主教徒；居住在康涅狄格州。

最终，警方在1957年逮捕的罪犯乔治·米特斯基与布鲁塞尔大夫此前的预测几乎完全吻合。虽然在家中被找到的时候，乔治穿的是一件褪了色的睡衣，但当他遵循警察的要求换好衣服、再度出现在众人面前时，穿的正是一件双排扣西装，而且一丝不苟地扣得整整齐齐！

训练项目四：犯罪地理画像

一、训练目的

犯罪地理画像是研究社会环境、社区环境对犯罪行为所产生影响的理论，分析犯罪行为、犯罪嫌疑人的空间活动范围。学生通过以下案例材料的训练，可以对犯罪地理画像有更加深入的了解。

二、任务要求

对下文案例材料进行分析，并对犯罪嫌疑人活动区域地点进行画像。

三、训练内容

材料：1981年1月，英国警史上规模最大的缉凶行动画下句点，警方逮捕了34岁的彼得·萨特克里夫——被称为约克郡屠夫的连环杀手。5年中，萨特克里夫残忍杀害了13名女性，而无论警察的侦缉行动多么迅速、严密，他每次都能抢得先机，早一步从法网中脱逃。警方有诸多线索，幸存者对嫌犯的描述如下："他的头发是深色的大卷发，满脸深色的大胡子，肤色偏白，眼珠颜色很深，几乎是黑色的眼珠；鞋纹路属于7号的工人靴，右鞋鞋底有个区域磨损严重，显示此人可能是长程驾驶员；现场的5英镑钞票，警方取得35家公司的名单，他们可能在薪水中发放过这批5英镑钞票，其中一家便是货车司机彼得·萨特克里夫工作的搬运公司。"

5年间，萨特克里夫先后被办案警察询问了10次。可即便发现他符合嫌犯的所有资料，也只有一名警察锁定了他，而他的报告还被否决了。约克郡屠夫案警方收集了26.8万嫌疑人姓名，发动了11.5万次行动，追查了5.3万名车主，共消耗了警方500万小时。但，凶手仍然逍遥法外并继续作案。

最后，英国警界的六大名探接管此案，他们被称为"超级小组"，小组中有位特别的成员——鉴识学家史都华·坎德教授。坎德运用自己在英国皇家空军担任导航员时掌握的技术，创造出全新的技巧用来追缉约克郡屠夫。通过交叉对比每次攻击的时间地点，坎德锁定坐标，指出凶手最有可能住在布拉福地区。坎德的地理侧写终结了警方大海捞针式的搜索，而更接近萨特克里夫。不久，两名警察在例行检查中遇萨特克里夫，查实种种疑点，令萨特克里夫罪行败露。

项目六

犯罪情报分析的应用

任务一 情报分析技术在刑事侦查中的应用

教学目标

了解公安机关在进行情报主导侦查改革中的模式、经验，理解犯罪情报分析技术的战略应用模式。

理论链接

一、我国刑事侦查工作改革中情报主导侦查模式的实践

我国各地公安机关在公安部的号召下进行了各种各样的警务改革，这些警务模式虽然名称不一，但均是围绕情报主导侦查展开的，旨在建立一个以情报主导侦查模式为核心的警务改革机制。这将有效地促进我国情报主导侦查模式的创新与发展。通过对各地警务改革实践情况的比较分析，以下几个省份或地区的情报主导侦查改革具有代表性。

（一）江苏模式

江苏省公安机实施的情报主导侦查模式，主要从以下四个方面着手：①在树立情报主导侦查理念方面，实行自上而下的方式，通过对各级公安机关及其民警的指导、引领、监督，来加强收集、应用侦查信息的主动、自觉意识，从而引导情报主导侦查理念在部门内的形成。②在整合侦查资源方面，江苏省公安厅通过对厅指挥中心与办公室职能的整合，重新设立一个正处级机构及其下属的六个职能科室，分别负责情报信息汇集处理、应急指挥、现场处置、110工作指导、网站管理等工作。③在网络建设方面，对侦查信息收集网络、侦查信息研判网络、侦查信息预警网络进行全方位建设，使其更加全面、合理。④在规范化建设方面，对日常报送、考评奖惩等方面进行系统规范，形成标准化的管理机制。

(二) 芜湖模式

安徽省芜湖市公安局主要以"警务数字协同系统"的建设与应用为核心，实现情报主导侦查模式的构建。其主要实施了以下措施：①建立了情报主导侦查的指挥运作机制。在市局建立情报信息中心，分局、县局设立专职情报分析人员，并通过利用情报信息分析体系，实现精确指导、精确指挥、精确评估的目的。②建立三层防控体系，实现防控的信息化。分别形成了针对犯罪进行动态机动部署的打防层，针对违法犯罪人员的信息控制层以及针对违法犯罪行为的技术监控层。③创建了较全面的情报主导侦查模式系统。芜湖市公安局开发和构建出了情报线索收集系统、协同办案综合系统、协同侦查分析系统、指纹核查比对系统等情报主导侦查模式的骨干系统。④初步实现侦查基础工作的信息化、规范化建设。芜湖建立了派出所基础工作管理信息系统，并对侦查协同作战制定了规范化的工作制度和流程。

(三) 上海模式

上海市公安局经多年论证，开展了以大情报工作体系建设规划为依托的情报主导侦查模式。它以"情报主导、情报研判、情报投资、情报共享"为情报观念，以情报信息的"大采集、大流通、大平台、大系统"为主要特征，主要采取了以下措施：①扩大了侦查信息的采集范围，开发出了线索性情报和舆情资料信息系统，不仅对侦查信息有了全面的掌握，而且还可以依据这一系统对犯罪趋势作出准确的判断。②构建侦查情报综合分析平台，有效地整合了现有侦查资源。上海市公安局研究开发了各种具有情报分析功能的计算机信息系统，大大提高了查询的效率，实现了侦查情报的共享。③建立了案件的时空分析系统，对侦查决策的制定和侦查实战的实行起到了重要的辅助作用。利用 GPS 技术，将地理信息、案件信息、人口信息及其他一切有地址标识的信息进行结合，可在地图上直观反映具体要素的分布情况，既能辅助作出侦查宏观决策，又能服务于具体案件侦查战术的制定。

(四) 浙江模式

浙江省公安厅经过多年的建设，形成了相对成熟、系统的情报主导侦查工作机制。主要体现在以下几个方面：①构建出"打、防、控"一体化的综合信息应用平台，在全省范围内实现了标准化的数据输入和使用规范，大大提高了数据的使用效率。②设立专门的情报分析机构，培训专业的情报工作人员，并建立了常态化的分析研判制度，实行会商式研判、网上论坛式研判、平台式研判等多样化研判机制。③研发出专业的情报收集、研判系统，实现人工分析与智能分析相结合的研判机制，并将研判结果直接用来指导侦查工作，同时，对其进行全程跟踪与评估。

综合分析以上四种模式，我国在情报主导侦查建设方面虽然取得了一定的成绩，但是，与英美国家相比，还存在较大差距。无论是在情报主导侦查理念的树立、硬件设备与软件设备的开发、组织结构的建设上，还是在专业情报工作人员的量与质的保障、工作模式的建设、情报技术的开发上都存在较多问题,这些都将直接影响我国情报主导侦查模式的全面发展。

二、情报分析技术的战略应用

战略思想是指引、规划侦查战略发展全局,进行战略决策的指导思想。我国情报主导的全景式侦查模式的实施,必须有符合我国侦查实践的理论为支撑。在全面开展社会管理创新的过程中,公安部倡导全国刑侦部门在当前及今后一个时期要以打好"合成战、科技战、信息战、证据战"为重点,大力推进侦查方式的转变创新。

(一)"合成战"与情报主导的全景式侦查模式

公安部提出的"合成战"是指在发生有广泛社会影响的案件时,刑侦、技侦、刑事技术和网侦要"四位一体",快速反应、同步上案、合力攻坚,形成多警联动的合成作战格局。这种释义体现出"合成"的实质是公安机关内部各职能部门的协调与指挥问题,具有一定的局限性。

"合成战"的开展,是我国在开展侦查活动中优化各方社会资源、实现侦查资源最大化的要求。这种合成不是简单的叠加,而是按照一定机制形成的有序合成,并与相应的合成机制相匹配运用。因此,"合成战"不应仅仅局限于公安机关内部,对合成的理解应更为广泛。"合成战"是指通过协调各子系统的功能与运作,使各子系统相互协调、配合、相互促进,从而形成系统的有序结构,提升侦查对环境变化的适应和把握能力。

具体包含内部合成和外部合成两个方面:内部合成,是指在遇到具有广泛社会影响的案件时,公安机关内部各职能部门间的合成;而外部合成,是指在发生特定刑事案件的条件下,公安机关与外部其他部门或不同地域、不同层级的公安机关间的合成,此时的侦查合成具有侦查协作的效果。第一种"合成"是建立在公安机关内部职能部门平等地位上共同破获案件的内部侦查合成;而第二种"合成"较多的是以特定公安机关为主,其他机关起到协助合作作用的外部侦查合成。而我国情报主导的全景式侦查模式的实施,是科学地分配侦查权和侦查资源优化利用的结合,这与"合成战"的内涵相吻合。因此,开展符合我国国情的情报主导的全景式侦查模式,必须以"合成战"为整合侦查组织和侦查信息资源的基础。

(二)"科技战"与情报主导的全景式侦查模式

马克思曾指出,科学技术特别是科技革命是"历史的有力杠杆",是"最高意义上的革命力量"。每一次的科学技术革命,都在不同程度上引起生活方式、生产方式、思维方式的深刻变化和社会的巨大进步。然而,在侦查领域中,科学技术是一把双刃剑:一方面,科学技术的日益革新为其带来了先进的侦查设备和侦查技术,如窃听设备、跟踪设备、网络构建设备以及一些软件的开发和利用等,这些使得侦查破案的效率大大提高,成本大大降低,成为科技时代不可或缺的辅助力量;另一方面,在科技时代,技术的进步也为犯罪的变异创造了新的土壤,如网络犯罪的出现等,使得打击犯罪变得困难重重。为此,公安机关必须大力发展科技,只有如此方能在多变的犯罪趋势中应对自如。

公安部提出的"科技战",主要是为了尽快实现"现场必须勘查、质量必须保证、鉴定必须准确"的目标,要求必须加大对刑事科学技术的建设。这种对科技的界定局限于刑事科学技术的发展,范围过于狭窄。笔者认为,在侦查领域的"科技战",不能仅仅局限于刑事科学技术的建设上,应是更为广泛意义上的应用在侦查领域的公安科技。公安科技,即社会公共安全科学技术,是控制、处理、预防各种社会违法犯罪活动和治安灾害事故,维护社会治安,保障社会正常工作与生活秩序所需要的综合性应用科学技术。而应用于侦查领域的公安科技主要包含刑事科学技术、毒物与毒品分析技术、公安信息应用技术、信息网络安全监察技术、警用特种装备等。我国的情报主导的全景式侦查模式是在公安科技发展的基础上诞生和发展的,与"科技战"的开展密不可分。

(三)"信息战"与情报主导的全景式侦查模式

信息是人类与客观世界联系的媒介,是人们思维与决策的依据,也是改造世界的向导和指南。正当人类社会在信息技术迅猛发展的有力推动下,举步迈入信息时代之际,侦查模式的发展也将跨入一个崭新的阶段。"信息战"的提出,最早是在军事术语中,是指敌对双方通过信息技术手段及装备,在信息领域为争夺和保持信息权而进行的对抗。"四战"中的"信息战"主要是通过创建"网上作战"的新工具、新战法、新机制,来充分发挥相关信息在侦查破案中的作用。从该定义中可以发现,这里的"信息战"主要关注于如何创建使信息在侦查破案中发挥更大作用的网上作战新机制。

分析上述观点,在侦查学领域的"信息战",应是公安机关通过各种途径以及信息技术手段和设备,在侦查与犯罪的对抗中获取信息的主导权,并运用这些信息结合相应机制来破获刑事案件。正如前文所述,情报是对信息进行汇总、评估、综合和解释的结果,是在信息基础上进行一定加工后形成的对实践有指导作用的知识,是对信息的理性认识。而情报主导的全景式侦查模式是对信息在侦查破案中发挥巨大作用的具体体现,是运用加工后的信息来指导侦查的创新机制。它不仅符合实现侦查目的的机制要求,更符合"信息战"的本质要求。此外,从某种意义上而言,这种"信息战"也是通过对各个方面侦查信息资源的整合,来得出科学、可靠的情报。因此,"信息战"还具有优化侦查信息资源的内涵。

(四)"证据战"与情报主导的全景式侦查模式

证据是与案件有关的一切事实,它可以是书面的,可以是实物的,也可以是复制的。新修订的《刑事诉讼法》将证据重新细分为八种,其主要目的是使进入刑事诉讼中的证据更符合客观性、关联性、合法性的要求。而用于认定刑事案件事实的所有证据必须符合这三性的要求，相关司法机关、侦查机关也应按照这三性来收集、审查、判断证据。

此外，证据材料也应由法定主体收集和提出，应具备一定的法定形式，收集的程序和方法应符合法定要求。"四战"中的"证据战"，要求用最严格的规范办理命案，要采取最有力的措施侦办黑社会性质组织案件。

这一含义，主要体现了对侦查法治建设的要求。而要想打好"证据战"，关键在于把握好信息—情报—证据的转化过程以及证据三性在转化过程中的具体运用。这一过程不仅是证据的形式和内容的改变，还是其所处不同阶段不同价值的具体体现。这个过程具体可以分为两个阶段：第一个阶段，信息到情报的转化，主要关注于信息收集的客观性与合法性。客观性，要求任何从信息到情报最终转化为证据的信息均应包含真实的内容，应经得起逻辑推敲和经验验证。但这并不意味着完全否定主观因素的存在，有些证据如证人证言、被害人陈述等，具有一定的主观因素，这就需要侦查人员在收集信息过程中秉承正当程序与逻辑推定，运用主观能动性客观地将信息反映出来。合法性，要求最终转化为证据的信息在内容、形式、收集方法、收集程序等方面必须符合法律规定。因此，在这个转化过程中还应注意对原始信息采集的合法性、客观性，保存的完整性以及转化后存储的安全性等。第一阶段是在证据转化的初始阶段，应注意在信息研判过程中对信息的客观性、合法性的关注，以避免对信息的破坏。当然，此阶段也存在一些无法最终转化为证据的信息，这些信息虽有利于侦破案件，但从形式上就无法作为合法证据来使用，会转化为一种情报，即侦查线索等。第二个阶段，信息、情报到证据的转化，此阶段是在前阶段的基础上更加关注内容的关联性。关联性即相关性，是指证据与案件事实之间存在一种实质性的、根本性的联系，强调证据的实质性证明力。客观性、合法性是转化为证据的前提和基础，而关联性则是能否最终成为某起刑事案件证据的关键。关联性问题主要是科学的、自然的经验法则，而不是逻辑推断，其实质是指关联性存在一定可信度，这种可信度从分析上讲是盖然性的，从证据上讲确认的是优势证据。通过第一个阶段可以发现，并不是所有的情报都能转化为证据，不具有关联性的情报是转化不成证据的。为此，在此阶段关注的是那些存在客观性、合法性的情报和一些未转化为情报的信息，以及通过再次收集得到的客观、合法的信息，应对这些情报和信息从内容上进行甄别，分析其与刑事案件事实之间的关联性，最终使那些对案件具有价值的情报和信息转化为真正的证据。

我国实施情报主导的全景式侦查模式的直接目的之一便是破获刑事案件，而要使已破获的案件得到法律的公正裁决，必须拥有完善的证据链来加以支持。为此，要最终保证所有破获案件得到公正裁决，必须充分发挥"证据战"在两个转化阶段的制度化、法律化，实现裁决的实体公正与程序公正。从实质上看，"证据战"所体现的是从"由供到证"到"由证到供"侦查思维的转变，是侦查法治化的必然要求。而情报主导的全景式侦查模式的实施，正是实现"由证到供"侦查理念的侦查模式，是实现"证据战"的必然选择。

综上所述，我国情报主导的全景式侦查模式的战略思想，是以"科技战"为基础，"合成战"为动力，"信息战"为手段，"证据战"为目标，通过借鉴国外先进的侦查经验，结合我国现有的侦查资源和客观情况，从而实现我国情报主导的全景式侦查模式的本土化、法治化。

三、战略设计：情报主导的全景式侦查模式的战略目标与阶段

（一）情报主导的全景式侦查模式的战略目标

我国情报主导的全景式侦查模式的具体战略目标大部分是由侦查机关领导高层事先制定出来的，它是对侦查工作外部环境和侦查机关内部条件认真分析与思考的结晶。但是，面对一些将来可能产生的不确定、无法预期的侦查环境，它的制定又必须具有与时俱进的特性，以能够更好地适应侦查实践的需要。为此，它的制定必须要具有一定的高度与深度。

因此，我国情报主导的全景式侦查模式的战略目标，应是其在规划期内预期取得的主要成果的期望值。其包括具体目标和长期目标两个方面：它的具体目标是满足"多破案、快破案、办好案"的现实需要；长期目标则是通过预防、打击犯罪和有效配置侦查资源，来建立起一个一体化的情报主导的全景式侦查模式，最终实现侦查工作的本土化和法治化。

（二）情报主导的全景式侦查模式的战略阶段

战略阶段，又称战略步骤，它是侦查机关为实现战略目标而作出的阶段性划分，是为了达到一定战略目的而采取的有计划的行动次序。综合分析国内外情报主导侦查模式的发展共性，情报主导侦查模式的发展并不是一蹴而就的，其发展需要一定的时间来完成众多方面的改革。为此，结合我国侦查实际，情报主导的全景式侦查模式在我国的发展，主要经历了以下三个战略阶段：

第一个阶段，纯粹侦查信息的收集和储存阶段，即侦查信息的原始积累阶段。正如"巧妇难为无米之炊"，情报主导的全景式侦查模式的形成，必须以拥有大量的侦查信息为基础。只有坚实的基础，才能够构筑情报主导的全景式侦查模式的雏形。目前，经过我国公安机关多年的信息化建设，在侦查信息收集方面已取得了较大成绩，基本形成了涵盖全国范围的基础网络建设，也为侦查信息的存储提供了可靠的物质保障和技术支持，为下一阶段情报主导的全景式侦查模式的发展奠定了坚实的基础。但是，也应看到，其仍存在很多不足之处，还需进一步完善。

第二个阶段，由纯粹侦查信息收集和储存到针对特定侦查信息的分析研判阶段。此阶段，我国情报主导的全景式侦查模式开始初具规模，但尚未形成强大的情报工作

机构和完善的情报工作体系，是一个由量变到质变转化的渐进阶段。目前，我国大多数基层公安机关都处于此阶段。从近几年来我国各地开展的侦查改革实践来看，在较发达地区已基本建立了运用大量侦查信息研判，实现主动指导侦查机关破获案件的模式。但是，这一模式的运用还处于较为单一的阶段。

第三个阶段，系统研判侦查信息，实现情报主导的全景式侦查模式阶段。这是一个我国情报主导的全景式侦查模式的创新与发展的阶段，需要较长时间发展。在这个阶段，情报主导的全景式侦查模式基本建成并不断向前发展，是情报主导侦查模式质的飞跃阶段。

目前，我国情报主导侦查模式发展较快的地区（如江浙一带），基本处于此阶段的初级状态，有待于进一步深入发展。这一阶段也是我国最终逐渐实现情报主导的全景式侦查模式的阶段，其发展到较高级阶段就会实现较为全面的情报主导警务模式。

苏州、杭州两地犯罪情报分析研判模式

一、专门化的分析研判机构和人员

苏州市公安局设立了四级情报信息研判中心，即市公安局指挥中心研判组、刑侦支队等相关业务支队研判组、县（区）公安分局指挥中心研判组、派出所警务指挥室研判组。由专人专门负责犯罪情报信息的分析研判。如苏州市一级研判（即设在市局指挥中心的研判组）由15人组成，人员分别来自刑侦（包括刑事技术）、治安、技侦、网侦和户政部门，每天针对全市社会治安情况（倾向性案件、苗头性案件、突发性案件）作出警情研判、案情研判、高危研判、串并案研判，并将研判结果发布指令性意见和指导性意见。指导性意见为一般治安防范及打击建议，供相关部门和警种参考；指令性意见为具有约束力的命令，相关业务部门必须签收并反馈查处意见。

再如苏州市县（区）一级的研判组，以苏州市辖的常熟市（县级市）为例，常熟市公安局刑警大队研判组共有3名民警和3名协警专门负责情报研判，主要承担案件研判和重点人员研判的任务。其中案件研判又分为路面案件研判、入户盗窃案件研判、企事业单位案件研判。人员研判的重点是被审查人员的活动轨迹、网吧记录、同行同住同乡人员及登记车辆，从而确定与刑事案件的关系，从中发现侦查破案线索。

二、常态化的情报研判工作

苏州市公安局指挥中心每天研判并形成研判结果（指导性意见或指令性意见）；杭州拱墅公安分局半个月对侵财案件研判一次，平时一旦有案件则由情报研判部门同步上案，即每案必研判。许多研判民警已习惯每天上网浏览警情并分析研判，即使双休日在没有任何行政命令的情况下也自觉地对前一天的案件情况进行分析研判，情报信息分析研判已成为他们生活的一部分，而不仅仅是工作的一部分。此外，苏州、杭州

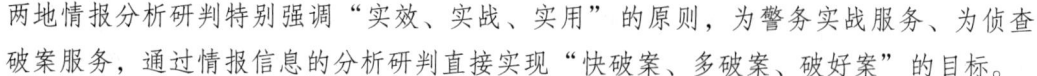

两地情报分析研判特别强调"实效、实战、实用"的原则,为警务实战服务、为侦查破案服务,通过情报信息的分析研判直接实现"快破案、多破案、破好案"的目标。

三、多式化的情报研判形式

(一)形式一——会商式研判

苏州市公安局指挥中心下设情报研判小组,人员分别从刑侦、治安、技侦、户政部门抽调组成,有15人,每天9~11时召开研判工作例会,通报研判结果(指导性意见和指令性意见)、落实后续查证部分及措施,提出相关打击和防范对策。

(二)形式二——网上论坛式研判

即通过网上发帖、网上跟帖、网上流转的形式,进行网上论坛式的研判。如苏州工业园区刑警大队利用电脑网络构建案件侦查交流平台,让侦查员和责任区民警将主侦案件全部挂到网上,主侦人将整个案件的侦查过程公布在网上,大队领导、侦查员、情报员、技术员积极参与发帖,各抒己见。这既提高了案件侦查的互动性,营造了侦查员积极思考、主动分析的良好氛围,也打破了大队内部片与片之间、中队与中队之间的工作壁垒,形成了人人参与侦查破案的良好局面。另外,大队内部各片之间所有案件线索网上流转,实现了资源共享,解决了以往案件查证线索都记录在自己的笔记本上,互相之间信息沟通不畅的问题,节约了破案成本,提高了破案效率。

(三)形式三——平台式研判

杭州市刑侦支队研发了专门的网上情报分析研判平台。借助该平台,情报分析研判人员将研判的情报线索,通过专门的格式和图表发布到网上,并明确提出需要哪个部门、哪个警种跟进研判、研判的具体要求、时间等。网侦部门、刑事技术部门、技术侦查部门等专业技术部门,按照要求必须在规定时间内给予专业技术支撑,并将研判结果上传,如果超时未予以回复,该平台具有短信自动提示功能。然后,专业情报研判人员根据各部门和警种提供的信息经汇总后再度研判,并形成最终的综合分析研判报告。这种专门平台式分析研判更具及时性、规范性、流程化的优势,很好地满足了支队各专业大队之间、区县各专业之间及不同警种之间的信息流转。

四、丰富的研判数据支撑

情报研判工作主要依托于信息源的丰富程度,手中掌握的信息越多,可用于侦查破案的线索就越多。如苏州市公安局目前录入的接处警信息有376.5万条、盘查信息1218万条、嫌疑人员信息7.3万、物品信息32.6万条、外来人口信息636.6万条、旅馆住宿信息531.8万条、网吧上网人员信息1.24亿条、车辆轨迹信息8.3亿条、高危人员信息7.6万条、指纹信息8.9万条、DNA信息4.2万条。其信息日增量为每天253万条。此外,苏州市公安局还交换收集了工商、税务、民政等部门社会信息66类1274万条,为情报分析研判人员提供了强大的数据支撑。

以苏州常熟地区的盘查系统为例:常熟现有民警1000多人,配有协警4000多名。大量的协警主要用于社会面的盘查,即对重点地区的巡查和对可疑人员的盘查。每个协警都配备无线移动警务通（简称 PDA）系统，集手机通话功能、拍照功能、上传后台系统功能等。对可疑人员的盘查，要求输入被盘查人员的姓名、住址、身份信息、物品信息、交通工具信息等，并当场拍照、实时传输。每天仅输入盘查系统的信息就有 800 多条，一方面确保了社会面信息的采集和及时更新，使自身信息量每天不断增加，另一方面保证了社会面的防控。如常熟地区 2007 年刑事案件为 21 740 起，2008 年刑事案件下降为 14 100 多起，下降幅度非常明显。

再如杭州市公安局给每一个派出所统一配发了五位一体采痕系统，该系统对于所有入所（派出所）审查人员全部要求采集指纹信息、足迹信息、身份信息、图像信息、DNA 信息，并实时传入浙江打防控系统。这就从源头上确保了情报分析研判人员拥有丰富的可资研判的数据和素材。

五、高度共享的研判数据资源

"情报主导警务"的关键是要有一定规模的情报信息，这些情报信息能否发挥"规模效益"主要在于情报信息的共享，这就要求情报信息的采集和录入有统一标准，警种和专业之间没有壁垒。基于以上认识，浙江省公安厅在开始情报信息系统建设时，就高瞻远瞩，站在全省的高度，于 2004 年统一标准，统一系统，强行推进入轨，推出了全省的打防控系统，所有警务信息全部纳入该系统，该系统向所有部门和警种开放，在全国最早实现了省级范围内打破警种与警种之间、部门与部门之间、地区与地区之间的壁垒。这样情报分析研判民警可以最大限度地查询全省范围内刑事违法犯罪情报信息及相关公安管理信息，乃至部分社会管理信息，极大地方便了情报信息拓展及深度研判。

目前各地公安机关情报分析研判人员碰到的一个最大的问题，就是在研判前期需要查询信息时，或者是因为跨部门跨警种需要通过电话或发文请求其他地区的协作，或者因为跨地区需要电话或发文甚至外调请求其他部门或警种的协作，这必然影响情报分析研判人员的工作积极性以及研判效果。而目前浙江由于前期的强行统一、强行入轨、强势推进，情报分析研判人员真正实现了足不出户就能浏览全省的情报信息。江苏省也于 2009 年 5 月统一了全省情报信息大平台，极大程度地保障了信息的共享。

六、专业技术的多维支持

在当前的情报分析研判中，仅仅依靠刑侦一个部门是远远不够的，两地都提出刑侦、刑事技术、技术侦查、网络侦查同步上案机制，有的部门还提出视频技术同步上案制度（苏州地区提出视频技术是继刑事技术、技术侦查、网侦技术之外的第四大技术），确保了地面信息（视频）与空中信息（手机）的结合、现实信息与虚拟信息的结合、有形痕迹与无形信息的结合、生活信息与作案信息的结合等，实现了信息的"立体化"研判，多维度、多角度、多侧面的全面分析研判。

如苏州市吴江区刑警大队 2009 年专门成立了视频侦查中队，目前该视频侦查中队有人员 8 名，其中 2 名侦查民警、2 名视频研判人员、2 名技术人员、2 名视频专管员。

该中队设有视频资源库、播放软件库、案件管理库、视频物证库。其中视频资料库集中了全区的视频资源,包括派出所831个视频、交警109个电子警察、企事业单位3万多个视频、重点行业场所500余家自设电子眼等;播放软件库存有所有格式的播放软件;案件管理库存有所有在侦案件的视频侦查资料;视频物证库存有全市案件的视频资料。该视频侦查中队成立以来,共协破案件362起,抓获犯罪嫌疑人467人。同样,杭州的余杭刑警大队也设有视频分析工作室,目前有4人,其中侦查员2人、协警2人,并且各刑警中队相应地设立视频作战室,即大队设视频分析工作室,中队设视频作战室,派出所设专门分析人员。余杭视频分析工作室还建立了五大工作机制:同步上案机制、视频串案机制、协同作战机制、防控建议机制、应用培训机制。视频分析的发展和应用为情报分析研判开辟了又一个全新的领域和侦查途径。

七、智能化的分析研判

情报分析人员面对的是一个非常庞大的刑事犯罪情报信息系统和更为庞杂的公安管理情报信息和社会管理信息系统,仅仅依靠侦查人员的脑力是远远不够的。在信息化时代,在科学技术高速发展的时代,情报分析人员必须借助新技术的发展推动情报的分析研判,如数据提取技术、数据分析技术等。苏州、杭州两地借助当地经济优势、信息优势和人才优势,研制开发了许多分析小软件,实现了人工分析与智能分析相结合。如浙江的话单分析系统,通过计算机及软件分析通话时间、通话时长、通话号码、通话位置(基站)、主被叫通话号码等,可以研判出机主真实身份、职业特点、居住地点、同伙同行人员、案发时行为轨迹、销赃人员等诸多有价值的犯罪情报。可以从分析犯罪人员的作案手机研判出其生活手机,可以从分析一个犯罪人员手机研判出其他团伙成员手机,可以从分析犯罪人员的开机关机地点研判其居住地点,可以从分析犯罪人员拨打的某些客服电话研判出犯罪人员的真实身份等,而这些都是借助软件分析,利用人工和智能技术共同完成的情报分析研判。

八、研判结果的落地查证保障

苏州市针对分析研判结果的落实,专门成立了"合成侦查队"落地侦查,即将指挥中心分析研判的结果由"合成侦查队"落实查证工作,并将侦查结果反馈给研判人员,研判人员据此实施二次研判,如此形成一种良性互动的侦查机制。再如杭州市刑侦部门专门成立有"便衣侦查"部门,根据研判指令查证落实,及时反馈。

任务二　情报分析技术在监狱中的应用

教学目标

了解我国目前情况下监狱系统信息化建设的现状,掌握情报分析技术如何在监狱中开展应用,分析智慧监狱建设对情报分析技术应用的影响。

一、监狱信息化发展的现状

中华人民共和国成立 70 年来，特别是 20 世纪 90 年代以前，我国监狱信息化建设基础差、起步晚、应用水平低，与时代的发展要求极不相称。进入 21 世纪，国务院、司法部对监狱信息化建设十分重视，司法部把监狱布局调整、体制改革以及监狱信息化建设列为重点推进的三项工作，全面加快了监狱信息化建设推进步伐，取得了显著成效。

2005 年司法部明确提出"大力推进监狱、劳教系统现代化、信息化进程"；2006 年，司法部组织力量，开展调查研究，在反复调研论证的基础上，于 2008 年制定印发了《全国监狱信息化建设规划》，明确了监狱信息化建设的指导思想、基本原则和主要目标，确定了建设"一个平台、一个标准体系、三个信息资源库、十个应用系统"的主要任务；同年，司法部正式向国家发改委提出全国监狱信息化建设立项。

2007 年，在江苏省召开了全国监狱信息化建设工作会议，对全国监狱信息化建设工作作出了全面部署，同时，对在监狱信息化基础上推进司法行政信息化建设提出了要求。监狱根据《全国监狱信息化建设规划》要求，监狱信息化建设全面展开。目前，监狱初步建成了如下信息化管理系统：计算机网络及弱电综合布线系统；智能化安防监控系统；周界防范系统；监区无线报警系统；智能门禁控制系统；智能一卡通系统；监区大门 AB 门门禁控制系统；智能化枪械库管理子系统；监舍智能门禁控制子系统；禁闭室智能门禁控制系统；违禁物品检测系统；对讲监听录音系统；电化教学系统；公共广播系统；多媒体信息查询系统；接、处警中心系统；电子公告系统；罪犯亲情电话子系统；罪犯会见管理子系统；监控指挥管理中心系统；监狱办公自动化系统；监狱综合信息管理系统等二十多个系统。监狱信息化建设的目标任务更加明确，大大提高电子监控、微机管理、应急处置、高效指挥的能力。

当前监狱信息化建设已对传统工作手段产生冲击，我们一定要高度重视管理手段的转型，更新管理理念，抓紧吸纳人才，加强计算机知识技能的培训，掌握信息技术的运用，加快转变传统思维方式和工作模式，加快推进监狱信息化建设全面发展。

1. 加大资金投入力度，确保信息化建设顺利推进。首先，要把信息化建设资金纳入财政年度预算，积极争取省财政的专项资金投入，并保证投入到位，同时加大政策、资金向监狱倾斜力度，稳步推进各监狱信息化建设进程。其次，监狱要切实加强对监狱信息化建设的组织领导，把监狱信息化建设列入重要议程，通过广开渠道，多方筹措资金，争取上级领导重视和相关部门的大力支持，采取一些政策性倾斜和社会化措施，加快信息化基础设施建设。信息化建设不是一次性投入、一次性建设，而是一项长期工程，要坚持不断地建设和完善，特别是软硬件系统的维护和更新，更需要有足额的资金保障,将信息系统运维费纳入省财政常规性开支,确保信息化建设科学发展。

2. 加快信息网络基础建设,提升监狱信息化水平。任何计算机系统都是"硬件"和"软件"的有机体,"硬件"是基础,是系统运行的骨架;"软件"是核心,是系统运行的"灵魂"。首先,要对照司法部提出"建设一个平台、一个标准体系、三个信息资源库、十个应用系统"的建设任务,加紧开发空白应用项目,不断提升应用系统功能,推动监狱信息化向深度应用、高端应用发展。其次,进一步夯实硬件基础设施,不断扩充、完善网络中心机房建设、综合布线建设、业务信息点建设、网络设备建设,构建基础完备的系统运行框架。要做好软件研发试用培训基地建设,进一步拓展应用领域。最后,要整合、完善现有业务应用系统,构建一个相对独立、相互衔接、相互补充、相互兼容的软件系统,形成全员应用、资源共享的信息化工作格局,以监狱信息化引领监狱整体工作的全面协调发展。

3. 加大引进和培训的力度,全面提高信息化人才整体素质。信息化建设的关键在于应用,而信息化人才的配备则是应用的前提。首先,要把信息化人才队伍建设纳入"人才战略"的内容,制定有利于人才培养、引进的措施,营造一个使各类高层次信息技术人才脱颖而出、健康成长、发挥才干的良好机制和环境,形成一支门类齐全、梯次合理、素质优良、新老衔接、满足监狱信息化建设发展需要的人才队伍,为信息化建设提供人才保障。其次,要加大培训力度,加强对警察计算机应用知识的培训教育,通过举办计算机基础知识培训班、应用系统软件操作讲座等形式,针对不同应用层次的管理和使用人员,分期分批进行细化培训,普及提高全员计算机应用的常识和技能,培养具有较高业务素质的信息化专业队伍,保障监狱信息化建设的顺利推进。

4. 加快"数字化监狱"建设,大力提高监狱工作效能。要建成各监狱单位的局域网、省监狱系统的广域网,并连接省政法信息网,形成上下信息互通互联的网络系统。要在统一规划的基础上,坚持信息共享和数据安全的原则,完成各业务应用软件的开发和整合,逐步推进业务信息数据化、内部办公自动化、管理决策网络化、安防系统智能化。要实现无纸办公和远程办公,拥有快捷、全面的信息披露和多向沟通平台,将大量重复性劳动和规律性工作交由计算机和相关设备完成;推进政务公开和狱务公开,促进监督,推动民主建设,有效地抑制在传统监狱管理中容易滋生的腐败和徇私舞弊现象。

5. 切实抓好网络安全和保密建设,确保信息安全。切实强化安全首位意识,严格执行国家有关网络信息安全的各项规定,严格落实网络和信息安全工作责任制,确保信息安全。首先,在开发软件时,要严格审查合作商的资质,挑选专业技术强、具有良好的信用保证的合作商,同时在合同中应明确合作商的保密责任。其次,要建立全方位的防毒防范和防非法入侵体系,涉及办公系统、服务器、网关等方面,要定期升级、定期检测、定期扫描和查杀。再次,建立备份和恢复机制,采用双机备份、主机及网络冗余、线路备份、数据库备份等方法,使病毒造成的危害减到最低程度。最后,要加强电磁泄漏发射防护措施。网络环境下的信息具有可复制性、可修改性、易获得性等特点，采用电磁波的形式对网络信息设备电磁泄漏发射进行干扰，使窃收方不能提取信息，确保信息网络安全。

6. 推进监狱科技文化建设，以科技促和谐。把现代高新科技与刑罚执行工作相结合，实现科技兴监和科技强警的战略目标，努力建设一流的技术文化。通过发挥网络技术的方便、快捷的优势，建立罪犯信息传播平台；通过互联网与专业医院建立罪犯心理咨询系统，对具有严重心理疾病的罪犯进行积极治疗，消除心理障碍，促进心理健康。如目前，广东省部分监狱建成了网络短信平台。罪犯可以通过短信平台，与亲人进行短信沟通，促进狱内狱外的亲情互动，开辟罪犯改造的新途径。

信息技术提供的大量信息源源不断地输入，极大地开拓了认识的广度和深度，提升了思维的品质和能力，从而为广大监狱警察营造出一种全新的学习文化。如在监狱政务专网全面实行政务公开，民警考评奖惩、人事任免、监狱各类招投标活动等及时在网上公示公告，所有规范性文件和监狱重要决策出台前都在网上公开征求警察职工意见，警察职工可以利用监狱长信箱、网上论坛等，加强互动交流，监狱也可以利用网络引导警察把思想统一到监狱发展的战略、措施上来。

通过信息化建设，进一步加强执法管理，严格落实各项监管制度，认真排查和消除各类安全隐患，确保监管场所安全稳定；通过信息化建设，进一步提高决策和指挥能力，提高工作效率和水平，提高管理水平和层次，推进监狱科技文化建设，促进监狱工作的持续健康发展，以科技促和谐。

二、情报分析技术在监狱中的应用——狱内侦查情报工作

(一) 确定分析目标

狱内侦查情报分析是以有效情报信息为基础，经过合理的统计和分析，得出有效结论的一项工作。通常是情报部门在收到分析请求或指令后，才开始进行相关的情报收集工作，因此，狱内侦查情报工作的起点是确定分析的目标和方向。

实践中，一般分析目标的确定有两种途径：一是上级指挥官或决策者下达的指令，这类分析往往涉及一些比较宏观的分析，如对某一时间段狱内侦查情报的分析、对某一类案件特点的分析等；二是侦查办案人员向情报分析部门发出支援的请求，这类分析往往属于一些具体的战术性分析，如对某有组织犯罪案件中犯罪组织内部人员结构的分析、对某脱逃案件中脱逃路线的分析等。当然，有时狱侦部门就某些个案向情报部门提出支援请求时，只提供给情报部门一些与案件相关的线索和大概的分析目标，此时，狱内侦查情报分析部门就需要为侦查人员选择分析的具体目标，也就是分析的切入点。

确定分析目标是狱内侦查情报工作的基础，只有确定了具体的分析目标，情报分

析人员及侦查人员才会明确下一步去搜集什么情报信息，围绕哪些又犯罪嫌疑人进行重点的调查。可见，分析目标的确定是狱内侦查情报分析工作的重要基础，它将影响狱内侦查情报分析人员和侦查人员下一步的信息搜集工作的方向和效率。

（二）狱内侦查情报的搜集

狱内侦查情报，是指以公开与秘密的侦查措施、手段及其他方法获得的有关狱内又犯罪的一切线索和情况，以及对其分析研究的成果。

狱内侦查情报的搜集，是指狱内侦查部门运用公开与秘密的方法，通过各种途径发现和获取与狱内又犯罪活动有关的情况、线索和情报吸收的过程。

狱内侦查情报搜集活动是一个过程，它包括发现又犯罪信息、获取又犯罪信息和情报吸收三个环节。这三个环节依次构成了狱内侦查情报搜集的活动过程，缺少其中任何一个环节，情报的搜集目的就难以实现。

搜集狱内侦查情报必须遵循"及时迅速、客观准确、全面系统、持之以恒、遵守法制"的原则。

1. 狱内侦查情报的来源。根据情报的存在方式，狱内侦查情报的来源途径主要有电子数据资源、人力资源、文献资料资源、实物资源。

2. 狱内侦查情报的搜集内容。情报搜集者应当依据具体的工作实际需要，来确定搜集情报的内容和边界条件，明确搜集的方向，以便确定以后各项工作的步骤。狱内侦查情报资料搜集的内容主要包括：

（1）狱内在押罪犯的情报资料。

第一，又犯罪嫌疑人的基本情况。包括：现用名、曾用名、绰号、性别、年龄、民族、文化程度、籍贯、家庭地址、入狱前的工作单位及职业、专长、原犯罪行、刑期、所在监区、改造表现等基本情况。还应搜集其违反监规纪律及惩处情况。

第二，体貌特征。包括：身高、体型、脸型、指纹类型、足长、鞋号、耳、鼻、口、眼等一般相貌及特殊体貌、体表标记等主要反映本人生理特征的基本情况。

第三，团伙作案中，还应当搜集同案犯的基本情况。

（2）案件情报资料。案件情报资料，是以已破获和未破获的犯罪案件为对象，而建立的案件情报资料。内容包括：

第一，实施又犯罪案件的基本情况。包括：案别、发案时间、地点、被害人或事主的姓名、性别、年龄、住址、单位、职业、报案时间、损失财物、人员伤亡情况、发现案件的过程、犯罪手段、作案工具、作案因素、侵犯的对象（人或物）、造成的危害后果（人员伤亡、财物损失）、销赃方式、方法、反侦查手段（如破坏现场的方法、伪装手段、毁灭罪证的方法等）、特殊技能、犯罪形式（如结伙犯罪、集团犯罪）等基本案件资料。

第二，从犯罪现场提取的各种痕迹、作案人遗留在现场的各种物品的种类、名称、数量和特征等。

第三，损失财物情况。包括：损失财物的名称、数量、品牌、规格、型号、颜色、价值、新旧程度、号码、标记及一些特殊的记号等。

（3）线索型侦查情报资料。线索型侦查情报，是指可供狱内侦查或调查的狱内又犯罪活动或与又犯罪嫌疑人有联系的可疑人、事、物等方面的情况和信息。内容包括：

第一，狱情通报、公安机关协查通报及通缉令。

第二，狱内犯罪集团和团伙活动情况资料。

第三，与狱内犯罪有关的可疑情况线索资料。

第四，在侦破狱内案件及狱情调研排查危险分子工作中发现的犯罪活动线索资料。

第五，与狱内犯罪有关的各种可疑物品资料。

3. 狱内侦查情报的搜集方法。采用何种手段搜集狱内侦查情报资料，不仅与所要搜集的情报内容和情报源有关，而且在有些情况下还涉及政策、法律和纪律问题，所以不可忽视。搜集情报是采用直接调查还是间接地从档案资料中进行二次搜集的方式，也直接影响到情报搜集工作的效率。如果明确搜集方式是进行直接调查，还应进一步确定采取何种调查方法和找什么调查对象；如果采用二次性情报搜集，也还应选择出搜集对象、范围和方法。总之，事先明确了手段和方式方法，在搜集情报的过程中才可以少走弯路，提高效率。

狱内侦查情报的搜集，就其搜集的手段和途径而言，有公开和秘密两种方式。

（1）公开方式，是指根据有关法律和法规采取公开的侦查、调查措施获取情报的过程。主要途径有：

第一，狱情统计。狱情统计是监狱经常要进行的分析调查统计工作，通过狱情统计，对在押犯罪群体进行整体性观察，细致的扫描，从中发现规律性的变化，达到监测、预警目的。

第二，分析汇报。在罪犯的管教中经常有一些汇报，其中蕴藏着许多有用的情报信息。

第三，检查信件。根据法律授权，监狱可以检查在押罪犯的信件，监狱应当重视这个权力，从大量的日常检查中发现情报信息。

第四，会见在场。罪犯会见亲属、监护人时，一般情况下要有管教干警在场负责监护，这是获取和了解罪犯情绪变化、家庭变故、思想动态等方面信息的重要阵地。

第五，会议或谈话。通过罪犯参加的各种会议，以及对罪犯进行的各种谈话，了解和发现罪犯的信息。

（2）秘密方式，是相对公开方式而言，它是指通过各种秘密途径，采取秘密侦查手段获取情报的过程。这种方式适用于搜集重大、特大案件的情报。主要途径有：

第一，内线侦查。主要指使用秘密力量贴近、深入到狱内罪犯或罪犯团伙内部获取情报或将其团伙内部人员拉出来（为我所用）向我方提供情报。

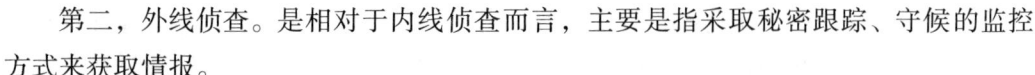

第二，外线侦查。是相对于内线侦查而言，主要是指采取秘密跟踪、守候的监控方式来获取情报。

采取秘密搜集情报的方式，要严格履行审批手续。在使用前要提出呈批报告经主管业务的领导审批后方可使用。

(三) 狱内侦查情报的整理和存储

狱内侦查情报的整理是指情报分析人员在分析目标的指引下，将搜集到的情报信息按一定的标准进行排序，或是在情报信息系统中进行检索和查找，使有关的情报信息有序化，以便于对其进行分析。通过情报信息的整理，还能发现已有的情报信息是否足以支撑进行狱内侦查情报分析任务，如果通过整理发现还缺少某方面的情报信息，就应当继续进行情报信息的搜集工作。

狱内侦查情报的存储，是指把大量杂乱无序的情报资料加以规范化整理，按一定的规则和科学方法组成各种信息资料体系并进行有序存放的过程。

对有一定保留价值的狱内侦查情报要进行科学的存储管理，以便根据需要随时进行检索。狱内侦查情报存储的直接目的是检索，没有情报的存储，就无所谓情报检索，更谈不到对情报的充分利用。因此，做好狱内侦查情报的存储是狱内侦查情报工作的一项重要内容。

1. 确定情报整理的原则。情报的整理是指把通过各种途径和方法搜集到的大量的、无序的情报信息，按照一定的规则进行分类、登记、加工，使用标准化的情报检索语言对情报特征进行规范化的概括和表述，最后以某种载体形式存储到狱内情报系统中。狱内侦查情报分析人员在分析目标的指引下，将搜集到的情报信息按照一定的标准进行排序，便于日后的检索和查找，使有关的情报信息有序化。

狱内侦查情报人员在情报整理过程中应当遵循以下原则：

(1) 标准化原则。标准化原则要求在狱内侦查情报整理过程中，必须遵循一定的规范和原则，符合由权威机关规定的统一规格，使狱内情报的存储、检索、分析和传递有序化。这些规范包括：代码标准化、著录格式标准化、标引语言规范化、有关情报加工规范化的国家标准和公安部颁布的标准。

(2) 程序化原则。狱内侦查情报的整理，应当按照一定的秩序和步骤来进行，一般来说，在不同的监狱检索系统中，情报整理的程序和方式也不尽相同。

(3) 快速检索原则。狱内侦查情报的整理，必须适应对情报系统的快速检索的要求。根据狱内侦查工作特点和犯罪情报使用的时效性，必须建立一个反应迅速、高效的情报检索系统。为了提高狱内情报整理对快速检索的适应性，必须把整理过程中的各个环节建立在科学的基础上。

(4) 及时性原则。整理后的情报资料，应当便于扩充维护，即在内容上便于增加、删除和修改，在情报载体和存储设备上便于维护和更新。这是保证狱内情报资料工作的连续性、克服情报资料"老化"、使之始终具有生命力和实用性的价值。如在资料库结构设计时就应当考虑有一定的冗量，且具有一定的扩充能力，选择设备时要考虑设备的更新转化情况等。

（5）复查、验收原则。狱内犯罪情报的整理是一项复杂、细致的工作，稍有误差就会造成情报系统的混乱，导致存储和检索的脱离。所以在情报整理的后期，应建立复查、验收制度，这是保证整理质量的重要一环，对不符合质量标准的情报资料，不纳入犯罪情报系统。

2. 确定狱内侦查情报存储的形式。情报的存在、传递，均要依附于某种载体。情报寄附在载体上的过程，实质上就是情报存储的过程。所以，情报载体是情报存储的物质基础。根据记录情报的手段和载体材料的不同，通常可分为：纸介质存储、声像存储、电子计算机存储、光盘存储、实物存储、云存储等。

（1）纸介质存储，指将情报内容用文字、图形等方式加以表述并记录在纸材料（载体）上的一种存储形式。纸张是存储情报最常用的介质，其优点是输入（记录）容易，阅读方便，易于携带和易于传递。但是，用纸介质存储情报，其存储密度低、体积大、存放占据的空间大。

（2）声像存储，指用摄影、录音、录像等技术将情报内容记录在胶卷（片）、录音带、录像带等介质（载体）上的一种存储形式。声像存储情报具有许多优点，有很强的直观性和客观性，而且便于携带和传递，也便于复制，存储密度大、占据空间小，且保存期长。在刑事诉讼中"声像资料"是重要的证据之一。因此，在狱内侦查情报工作中利用声像技术存储情报是不可缺少的形式之一。

（3）电子计算机存储，是指用电子计算机的内、外存储器存储情报的一种方式。计算机存储与其他存储形式相比，其优越性在于：检索速度快、便于情报管理、具有一定的处理功能、存储容量大、可以实现情报共享。

（4）光盘存储，是运用激光束记录（写入）和再现（读出）信息的存储形式。使用光盘存储信息具有的特点是：存储容量大，密度高，体积小，易于保存和携带并易于复制，可大量拷贝；使用方便灵活，可随机存取与快速检索，特别是它可以实现原文、原样的情报检索；可以存储与显示多种信息；坚固耐用，不受病毒感染，抗环境污染能力强，使用寿命长；应用广泛，光盘能与电子计算机、传真机、激光扫描器等数字化设备相连，在情报信息管理、文字、图像的存储、检索以及数据库的建设方面都具有广泛的应用前景。

（5）实物存储，是以与各类刑事案件有关的各种物品作为存储介质直接存放起来的一种存储形式。包括在犯罪现场提取的各种痕迹制模、作案人遗留在现场的各种物品，通过侦查措施、手段获取的各种物证，以及供物证技术鉴定中的同一认定用的样品样本等。实物存储既包括"实物"，也包括原"实物"的原始记录。"实物"是以各种实物形象为表现形式的情报，"实物"以其存在的状况、形状、质量、特性等来证明案件事实。在侦查实践中，实物被称为实物证据，又可泛称为物证。物证在刑事诉讼中是被广泛采用的一种证据。

（6）云存储。云存储是一种网上在线存储的模式，即把数据存放在通常由第三方托管的多台虚拟服务器，而非专属的服务器上。托管公司运营大型的数据中心，需要数据存储托管的人，则透过向其购买或租赁存储空间的方式，来满足数据存储的需求。数据中心营运商根据客户的需求，在后端准备存储虚拟化的资源，并将其以存储资源池的方式提供，客户便可自行使用此存储资源池来存放文件或对象。目前，已有监狱和通信公司合作，将部分监管数据存储在云端，便于数据的提取，减少计算机存储的内存压力。

（四）狱内侦查情报的检索

狱内侦查情报的检索，是指在已存储的狱内侦查情报资料体系中查找符合情报用户需求的相关情报资料的过程。具体地说，就是将情报用户的提问特征与所存储的情报资料的特征进行比较，将二者相一致的或比较一致的情报资料提取出来，以满足情报用户的需求。

狱内侦查情报的检索是一个查找过程，查找的对象则是符合情报用户特定需求的情报资料，检索的目的是满足情报用户的情报需求。

情报需求，是指情报用户在实践活动中为解决各种实际问题而产生的对情报的必要感和不满足感。如在侦破某一案件过程中，感到材料不足，即不满足于现有的情报，需要进一步索取有关的信息等。

情报用户，是指在狱内侦查、情报工作、组织管理等各种活动中，需要并利用情报的机关及其成员。

1. 分析研究送检材料。在动手检索之前，仔细审阅送检材料，这是做好检索工作的前提条件。一要分析研究送检部门的检索意图、目的和要求；二要认真分析案情，仔细弄清案件的类别、作案时间和地点、侵犯（害）对象、作案手段、犯罪嫌疑分子的体貌特征（特别是特殊特征），以及被盗物品或遗留物品和痕迹的名称、数量、特征等情况。三要分析送检条件，研究可供检索的条件有多少，可靠程度有多大。总之，对送检材料分析研究得越透彻，制定的检索策略就越可靠。

2. 制定检索策略。所谓检索策略，是指在分析研究送检材料、明确检索目的和要求的基础上，确定检索途径，选择检索词，安排检索层次，确定检索步骤和方法等的全盘计划或方案。正确的检索策略，可以优化检索过程，取得良好的检索效果。制定检索策略主要做好以下工作：

（1）选择检索途径。检索信息资料是根据信息资料的外表特征和内容特征来查找的。这些用以查找信息资料的特征，称为检索途径。换句话说，检索途径的选择，即是决定通过哪些项目和内容进行检索。至于选择哪一种检索途径，没有固定的模式，要视具体情况而定。

(2) 安排检索层次。根据检索的目的和要求，按照送检条件的多少、可靠程度以及相互关系等，安排检索的先后次序。一般来说，条件好的要优先于条件差的。在划分层次时，要考虑各个条件之间的有机联系，对相互间有连带关系的应组合在同一层次检索，比如把有关体貌特征方面的内容组合在同一层次检索。

(3) 选定检索词。即根据检索的意图和条件，选择与之匹配的主题词。检索词如果选得不切合检索要求，则会造成漏检或误检，如送检单位要求查特殊体貌特征，如果确定的检索词只选定在静态特征，那么，就会漏检动态特殊特征和"体表特殊标记"；反之，如检索词选择得比检索要求宽时，则会造成误检，如送检单位只要求检索"体表特殊标记"，这一要求是明确的，而检索词选择了"特殊体貌特征"，其结果会出现许多不需要的信息，影响查准率。所以，选择检索词时，需要反复斟酌，在对检索条件进行综合分析研究的基础上认真挑选，既要注意查全率，也要注意查准率。

3. 实施检索。实施检索，是指根据所选择的检索途径、检索方法与步骤，从相应的信息资料集合中查找出相关信息资料的过程。所谓相关信息资料，是指信息检索系统应答复用户需求提问而输出（查出）的信息资料中符合用户提问要求的信息资料。进行查找（检索），就是以检索条件与资料库中的信息资料的检索标识进行对照"匹配"，把符合条件的相关信息资料查找出来。

实施检索时，要做好记录，选定的检索词要列表，并将寻查结果记录在表上。检索中发现的新途径应纳入检索策略，以便于根据检索效果作必要的调整、补充或修改。如果检索结果不理想，还可以反复地修改检索方案，直到把最佳效果查找出来为止。

4. 评价检索结果。为了提供准确可靠的信息，检索人员对于检索的结果必须进行分析评价。检索结果一般有三种情况：

(1) 查出了用户所需求的信息资料。

(2) 所存储的信息资料体系中根本没有信息用户所需求的信息资料。

(3) 由于条件不好，查不出用户所需求的信息资料。

无论哪一种结果，都应当根据检索源、检索条件、检索工具、检索语言、检索方法、检索过程等各方面的因素，进行认真的分析研究和客观评价。对于查到用户所需求的信息资料的检索结果，还要评价其准确程度、使用价值或参考价值的大小。对于没有查找出用户所需求的信息资料的检索结果，则应阐明出现这种情况的主客观原因。这里所说的主观原因，主要指信息资料部门不拥有用户所需要的信息资料；所谓客观原因，主要指用户送检条件太差，提炼不出可用作检索的条件，遇有这种情况，可以向用户提出补充材料内容的要求。总之，不论是哪种结果，都要对检索结果进行评价之后，打印或写出有结论、有分析的书面通知书交付信息用户。

(五) 狱内侦查情报的分析

狱内侦查情报的分析，是为了打击、防范狱内又犯罪的需要，在广泛搜集、积累情报资料及必要的实地调查所获得的材料基础上,运用科学的研究方法和必要的数据处理,对情报进行汇总、评估、综合和解释从而得出用于指导狱内侦查工作实践的分析结果的一系列工作内容。

情报分析不是对单份情报的分析研究,而是一种情报资料的重组和开发工作。它是根据解决特定问题的需要把分散在各种情报资料上的相关信息进行定向选择和科学抽象的研究活动,其研究成果是情报工作和科技工作相结合的产物。

定向选择,就是根据特定需要,搜集相关的情报、资料(包括相关的统计数据),进行深层次的加工整理,使之知识密集化、综合化、系统化、准确化。科学抽象,就是对定向选择的情报、资料进行分析、比较、综合、归纳、推理、判断,揭示其本质、规律和联系的思维过程。通过定向选择和科学抽象的结果必然会形成新的情报或情报集合,即情报分析研究成果。

狱内侦查情报分析的工作程序可以概括为:情报的评估、情报的分析两个工作环节,其基本工作程序如图6-1。

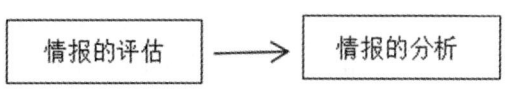

图6-1 狱内侦查情报分析工作程序

1. 情报的评估。汇总到情报分析部门的情报信息需要经过严格的筛选,即对所有的情报信息进行评估。情报信息评估标准包括两个方面:一是对情报信息来源的评估,即考察其来源是否可靠;二是对情报信息内容的评估,即考察其内容的有效性。情报信息的评估在情报分析中是非常重要的一个工作环节,是狱内侦查情报分析的基础。不准确的情报信息,将会导致分析结论的错误。

标准化的情报信息评估体系对于确保情报信息评估的科学性和客观性是非常重要的,在一些犯罪情报信息工作较为发达的欧美国家,目前大多采用的是一种被称为"4×4"的犯罪情报信息评估系统。该评估系统经过长期的实践工作的考验,不断地进行修正,在犯罪情报分析工作中发挥了巨大的作用,对我国的侦查情报信息工作有较大的借鉴意义。

情报信息的评估流程一般是先通过对情报信息来源的审核,考察情报信息来源的可靠性,在对来源进行评估分级后,再对情报信息内容本身的真实有效性进行评估,即通过考察情报信息获取的途径和方式,评估情报信息的内容是否真实可信。从图6-2中可见情报信息的评估首先是对来源可靠性的评估,然后才是对情报信息有效性的评估。

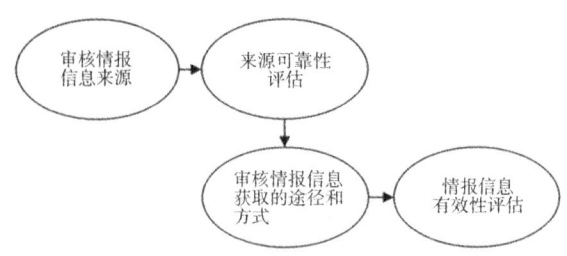

图6-2 情报信息评估工作程序

（1）信息来源的可靠性评估标准。根据欧美国家通用的标准，一般将信息来源的可靠性的评估指标分为四级：A级、B级、C级、D（或X）级。每一级标准的具体设置如下：A级：信息来源非常可信，即信息源所提供的信息一直是正确的，从未出现过错误。B级：信息来源比较可信，即信息源所提供的信息大多时候是正确的，很少出现错误。C级：信息来源比较不可信，即信息源所提供的信息大多时候不正确，有时也提供一些正确的信息。D级（或X级）：信息来源不可信，即第一次使用的信息源，无法判断提供的信息的真实性。

（2）信息的有效性评估标准。根据欧美国家通用的标准，一般将信息内容的有效性的评估标准也分为四级：1级、2级、3级、4级。每一级标准的具体设置如下：1级：信息是警方人员直接（即亲眼所见）感知，没有经过任何传递，这类信息一般可以认为是完全可信的。2级：信息提供者不是警方人员，而是信息提供者自己直接感知的。3级：信息提供者不是警方人员，该信息也不是信息提供者亲自直接感知的，但有其他信息能对其进行印证。4级：信息提供者不是警方人员，信息也不是信息提供者亲自直接感知，也没有任何其他信息可以进行印证，无法进行判断。

表6-1就是将"4×4"的情报信息评估系统以图表的形式加以表示。在该表中，横向指标是情报信息来源的可靠性标准，纵向指标是情报信息有效性的标准。图中深色的部分（即A1、B1、A2、B2所在区域）所包括的四类信息一般都被认为是可用信息，而对于浅色部分所包括的信息在运用时则必须非常谨慎，而属于D1、D2、D3、D4和A4、B4、C4、D4的信息一般不能在犯罪情报分析中使用。

项目六　犯罪情报分析的应用

表 6-1　信息评估系统

信息来源的 可靠性标准		非常可信	比较可信	较不可信	不可信
信息的有效性标准		A	B	C	D
为警方直接 获取的信息	1	A1	B1	C1	D1
亲眼所见而非 其他途径获得	2	A2	B2	C2	D2
非亲眼所见而 已有信息印证	3	A3	B3	C3	D3
非亲眼所见 无信息印证	4	A4	B4	C4	D4

（3）犯罪信息表或犯罪信息日志。狱内侦查情报信息的搜集是一项日常性的工作，每个监狱人民警察在其业务工作中都要树立强烈的情报信息意识，随时对有价值的情报进行搜集。但是要真正做到全警搜集，除了要建立一定的规则外，还必须要有统一的情报信息形式，否则就无法将情报信息以规范的数据形式进行整理和录入。因此，必须设计统一规格的犯罪信息表或犯罪信息日志。在犯罪情报信息工作较为发达的国家，都有规范的犯罪信息报告表或日志，警察在搜集到相关信息后，必须将信息的内容填入表格或将其写在犯罪信息日志中。

在填写犯罪信息表或犯罪信息日志时，要求语言精练准确，应包括相关的名称、地址、时间等必备要素。另外，还要将表格中所有的内容填全，如有缺项或表述不规范就会影响犯罪信息的使用价值。犯罪信息表或日志一般应包括以下内容：信息表编号、信息来源可靠性等级、信息内容有效性等级、信息主题词、警员姓名、信息内容、其他说明的问题和建议等。表 6-2 即为英国警察机关所使用的犯罪信息表的基本格式，目前欧洲许多国家的警察机关也使用这种规格的犯罪信息报告表。

表 6-2 犯罪信息表

来源可靠性评价		信息来源	报告编号
代码	评价结果		
A			报告时间
B			
C			
D			
信息有效性评价			报告人
主　　题			
报　告　内　容			
备　注			审核人

2. 情报的分析。在情报分析工作程序中，核心的应用环节是根据确定的分析目标对狱内侦查情报信息进行分析。其实质就是分析人员将通过各种渠道搜集到的相关情报信息进行汇总并对其进行研究分析，得出科学、准确的推论，以增加情报信息的价值，直接服务于监狱的决策者或狱内侦查部门的侦查人员。

（1）分析的主要目标。一是为实战部门的侦查人员提供战术性的情报支持。通过分析得出相关的结论或是用以检验某些先前的推断，如对案件中关于何人、何时、何地、何因及在过去、现在、将来实施的又犯罪活动的情况的推断和刻画,还包括对犯罪团伙和有组织犯罪集团的种类和内部组织结构的推断和刻画。二是为高级决策人员提供决策参考。分析人员利用政法机关掌握的数据资源,通过分析帮助监狱机关的各个层次的领导制定预防、打击、控制各类又犯罪的总体行动计划。

(2)分析的基本方法。在对情报信息的分析中,分析人员使用归纳推理和演绎推理的逻辑方法来对单人犯罪和团伙犯罪的一些情况进行推理分析,另外,分析人员还会大量运用图表技术、数据统计技术,以达到分析的目的,推进对各种狱内侦查情报信息含义的认识,得出准确的结论。

3. 狱内侦查情报分析的基本模式。狱内侦查情报的分析模式是根据情报分析的目标而定的,不同的分析目标有其不同的分析模式,从总体上看所有的分析都是围绕着案件分析、又犯罪行为人分析和犯罪控制途径分析三个层面展开的,每一层面的分析又都包括战略性和战术性的分析。

(1)针对刑事案件而展开的情报分析。

首先,战略性分析。针对刑事案件而开展的情报分析在战略性分析的层面上主要包括:犯罪趋势分析、犯罪特点分析、犯罪手段分析等,这类分析不是针对某一起案件的犯罪特点和手段,而是针对某一时间段在某一区域发生的某类案件的总体而进行的分析。对于此类分析,通常的模式是运用图表法、统计法等进行,最后的结论以分析报告的形式呈现。

其次,战术性分析。针对刑事案件而开展的情报分析在战术性分析的层面上主要包括案件的案情分析、刑事案件的并案分析等。

第一,案情分析。案情分析是每起刑事案件侦查过程中必不可少的重要环节,是对侦查人员搜集到的众多与案件有关的犯罪信息进行集成的主要途径,能帮助侦查人员重建刑事案件的发生过程和犯罪行为的先后顺序,为确定侦查方向和划定侦查范围提供强有力的依据。

每一起刑事案件发生后,狱内侦查人员都需要从各种渠道搜集与案件有关的信息,包括通过现场勘验搜集到的相关的犯罪痕迹物证,通过调查访问搜集到的证人证言等。在案情分析时需要将所有侦查人员搜集到的信息通过一定的方式整合到一起。信息通过集成后能使侦查人员在众多纷繁复杂的线索中理清头绪,对案件的情况有系统和准确的认识。

在侦查实践中,案情分析往往以会议讨论的形式进行,每个狱内侦查人员将所搜集到的信息以介绍与汇报的方式表述出来,然后再针对这些信息进行分析和研究。而在情报分析的模式下进行的案情分析,一般会利用组织成员关系图、物品流向图、事件图、行为模式图、案件分析图等图表形式进行展示,在此基础上进行分析研究能使侦查人员对案件的认识更为清晰,分析也更为准确。

第二,并案分析。并案分析是侦破系列案件的重要途径,狱内侦查人员在集成个案信息的基础上，分析案件的特点，并对以往所发生的类似案件进行比较分析，以判断是否为同一个或同一伙犯罪嫌疑人所为。在侦查实践中，狱内侦查人员可以利用电脑系统地进行并案，也可以通过对一些相似的案件进行列表比较，最后以并案报告的形式呈现结论。

在案件数据库的基础上，利用计算机专用并案软件系统进行相似案件的检索和寻找，将是未来并案的基本方法。侦查人员一般会利用作案时机、发案时间、作案目标、发案地点、案件名称、作案手段、现场痕迹、现场遗留物等在案件数据库中进行检索，寻找相类似的案件，对检索结果再进行分析研究，以最后确定一系列能进行串并的案件。因此，并案不能完全依赖计算机系统，尽管计算机系统可以大大提高并案的工作效率，但最后还是要通过人工进行分析和比较才能得出科学准确的并案结论。

（2）针对又犯罪行为人而展开的情报分析。对又犯罪行为人的分析在案件侦查过程中显得非常之重要，在侦查实践中也被称为给犯罪行为人画像。狱内侦查人员对又犯罪行为人的认识越深入，侦查思路就会越清晰，正所谓"知己知彼，百战不殆"。因此，围绕着犯罪行为人进行的情报分析可以从各个层面去刻画犯罪行为人的特征，为明确侦查方向，缩小侦查范围提供依据。

首先，战略性分析。对又犯罪行为人进行的战略性分析主要是对犯罪行为人共性特征的分析，即通过分析发现实施同一类型犯罪行为的又犯罪嫌疑人的共性特征，最后用统计数据和分析报告的形式呈现结论。

其次，战术性分析。对又犯罪行为人的战术性分析主要包括两个方面的内容，即对犯罪团伙特征和对又犯罪行为人个性特征的分析。

第一，犯罪团伙特征的分析。对犯罪团伙特征的分析主要是通过搜集一个已知的犯罪团伙的相关信息，搞清犯罪团伙内部的组织结构和每个成员在集团中的角色。

第二，对又犯罪行为人个性特征的分析。对又犯罪行为人个性特征的分析是指通过犯罪事件的特点和有关的背景情况，构造出犯罪事件中的犯罪嫌疑人的各种特点。这种分析不仅需要犯罪情报分析专家参与，还需要犯罪心理学家的帮助。

（3）针对犯罪控制途径而展开的情报分析。对犯罪控制途径的战略性分析主要是对犯罪控制途径的宏观分析，对犯罪控制途径的战术性分析主要是指侦查途径的分析。

首先，战略性分析。犯罪控制途径的宏观分析是评价正在实施的宏观的犯罪控制途径的优劣，以便在以后的打击、预防、控制犯罪过程中更好地使用。其中也包括在一些具体的打击、控制、预防工作中的工作流程方面的优劣评价。

其次，战术性分析。对侦查途径的分析是指通过评价正在实施的侦查措施和曾实施的侦查措施，用以指导以后的侦查工作。有效的侦查途径的分析能指导和评价侦查过程并为如何有效地使用侦查措施指明方向，确定侦查的切入点。

（六）狱内侦查情报的传递

狱内侦查情报传递是狱内侦查情报工作的重要内容和不可缺少的工作环节，没有有效的狱内侦查情报传递，就不可能发挥侦查情报的效能。狱内侦查情报传递是开展狱内侦查活动的保证和基本机制。没有狱内侦查情报传递，就无法有效地进行狱内侦查情报工作，也就无法有效地开展狱内侦查活动。狱内侦查情报传递是实现情报实用价值的重要手段；是实现情报资源共享的手段；是刑事侦查部门获得新的、有用的针对性情报的有效手段。狱内侦查情报传递可以为推动狱内侦查工作深入发展开辟途径；可以为调取证据提供方向；可以为情报资源增、删、改提供依据。其基本工作程序如图6-3。

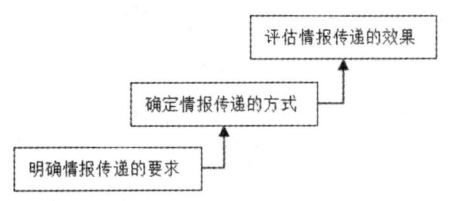

图6-3 狱内侦查情报传递工作程序

1. 明确情报传递的要求。

（1）迅速准确。情报具有时效性的特点，情报的价值除根据它的可靠性和有效性来衡量之外，还要根据其传递到情报用户手中的速度和及时性来衡量。任何情报即使具有重要的价值，如果过了时效，就完全失去了当前的使用价值。狱内侦查情报的传递要求首先是迅速准确，这是由情报自身的特点和狱内侦查部门打击狱内又犯罪任务的客观要求决定的。迅速，就是把已经搜集到的狱内侦查情报以最快的速度传递到有关部门，从而及时采取有针对性的措施，给又犯罪活动以有力的打击。迅速是指上传下达要迅速。准确，就是要准确无误地传递狱内侦查情报，无论是文字、图像传递，还是语言、声音传递，或者是电光、信号传递，都要准确无误。

（2）安全保密。及时、安全、保密是情报传递的三个基本要素，也是情报传递的重要原则。以及时（迅速）保证其情报的使用价值，以安全防止其传递中断，以保密避免情报在传递过程中泄露，三者是相互联系的，而保密是其中最核心的要素。情报的内容被泄露，不仅其价值丧失殆尽，还可能给狱内侦查工作造成致命打击。保密的情报是无价之宝，失密的情报是祸害。因此，在传递情报的过程中，传递者要以高度的责任感、使命感把情报及时、安全、保密地传递到接收者手中。

（3）机动灵活。狱内侦查工作的特点之一，是随时准备处置可能发生的暴狱、行凶、脱逃等各种预谋犯罪活动，侦破罪犯中发生的各类案件，特别是严重暴力犯罪案件。这些案件有它的随时性和随机性，谁也无法预料在什么时间、什么空间发生。尤其是监管干警负有犯罪情报搜集的任务，这就要求对其狱内侦查情报的传递机动、灵活，随时随地能把狱内侦查情报进行双向、单向和纵横传递，这样，才能应对复杂的监管形势,以打击狱内又犯罪和各种破坏活动。

2. 确定情报传递的方式。情报传递的方式有若干种,至于采取哪种方式传递,可根据具体的时空条件、通信和电子计算机设备以及特定的侦查任务等来选择。

(1) 人工传递。人工传递,是指通过人力将情报传递到狱内侦查部门或特定的地点。这里仅指侦查人员或秘密力量亲自传递情报的方式,包括口头汇报、文字、缩微品、实物等情报的传递。这种方式相对来说灵活、便捷、直接,在整个刑事侦查业务活动中,无论是公开侦查措施,还是秘密侦查手段所获得的情报,采用人力来传递是惯常的方式,可以说,不论情报传递技术多么先进,这种方法都不会被淘汰。

(2) 书面传递。书面传递,也称文字传递,指用文字表达情报的一种方式。这种情报一般通过邮局或秘密信箱或机要通信信道等把情报传递给接收者。在秘密侦查工作中,书面文字多采用密函和密写方法来传递情报。在狱内侦查情报工作中,书面传递情报是交流情报的主要方式。书面传递情报,既可以利用人力传递,又可利用各种现代通信技术、电子计算机技术等传递,是应用极其广泛的情报传递方式。

(3) 电信传递。电信传递,指利用现代通信技术、电子技术设施传递情报的一种方式。如用电话、电报、电传真、激光、卫星通信、电视、广播、电子计算机网络等。现代化通信技术不仅拓展了情报传递的空间范围,而且为大容量、远距离、高质量、快速度的传递情报创造了有利条件,把充分利用情报资源同又犯罪作斗争推向空前的高度。

(4) 实物传递。实物传递,指利用含有情报内容的实物直接传递情报的方式。这种方式亦是传递情报惯常用的重要方式之一。不过在传递过程中要注意对"实物"的保全。因为实物本身就是证据,在实物上还可能附有又犯罪嫌疑人遗留的痕迹或其他可供技术鉴定的物质。

(5) 视听资料传递。视听资料传递,指用录音、录像等手段把情报内容记录下来,用录音、录像带传递情报的一种方式。

以上几种情报传递方式之间是相互补充、相互联系的,不是彼此无关、相互排斥的。不论哪一种类型的传递,都是直接为情报用户服务的,都是有效的传递情报模式。

3. 评估情报传递的效果。情报传递的目的是满足情报用户的情报需求。而要实现这一目的,就必须寻求良好的传递效果。情报传递的效果好坏,受下列因素的影响和制约:

(1) 情报的可靠性。情报传递的效果,决定于所传递情报的可靠程度。只有可靠的情报才能产生好的效果,内容有误其效果必然是坏的,轻则导致狱内侦查工作走弯路,贻误战机;重则会制造冤假错案。因此,所传递的情报是否可靠准确,是决定传递效果好坏的决定因素。

(2) 情报的适用性。情报的适用性,主要是指所传递的情报符合用户需要,能够产生最大响应值的情报。所谓响应值,这里是指所传递的情报与情报用户的需要相吻合的程度，其吻合程度越高，则情报传递的效果就越好。响应值可用公式表示：

响应值=有用情报/情报数量×100%

例如，某专案组收到各条渠道传递来的情报 20 份，其中有 13 份情报为侦破此案提供了侦查线索，其响应值 13/20×100%＝65%，这说明所传递的情报大多数是适用的，其效果是良好的。

（3）情报的受益性。情报的受益性，是指情报传递的效果与情报受益面的广度以及对接收者的重要性。所传递的情报受益面广，即接收者数目多，相对来说，该情报被使用的频次就多。如传递的并案侦查情报受益面广，传递的效果也就好。情报对接收者的重要性，是指所传递的情报给接收者在解决关键性问题起到了重大作用。因此，情报传递效果与受益面的广度、情报的重要性成正比关系。

（4）情报传递的及时性。情报传递的及时性，是指以最快的速度把情报传递到用户手中以便最大限度地发挥情报的作用。这是情报的时效性和抓住侦查战机需要所决定的。特别是关系到需要采取紧急措施的情报，更要以分秒必争的精神快速传递，以便狱内侦查部门及时采取相应的对策制止或控制事态的发展。因此，情报传递必须及时、适时，只有及时、适时地传递情报才能取得良好的传递效果。

（5）传递过程中的保密性。狱内侦查情报保密性极强，特别是内线侦查、外线侦查、技术侦查，以及其他秘密手段所获取的情报，其机密性是绝对的。一旦被侦查对象获悉或窃取必然给侦查工作带来严重的后果。因此，在传递情报时，要根据情况选择传递方式、方法，严格按密级传递，不得扩大知密范围，同时，还要对传递者、接收者进行保密纪律教育，使其深刻认识到失密、泄密、丢失情报的危害性和危险性，从而提高警惕，增强保密意识，以保证传递过程中的情报安全和保密。

（6）传递技术的先进性。情报传递的技术越先进，效果就越好。因此，在传递情报时，要根据实际情况，选择传递情报速度快的通信设备、载荷信息量大的载体（如磁带、光盘、U 盘、移动硬盘等），以力求在最短时间内、用最快的速度将情报传递给情报用户。

拓展阅读

秘密情报传递应注意的问题

所谓密级，概括地说，就是对情报内容的秘密程度所划分的等级，分为绝密、机密、秘密三个等级。每一级都有相应的知密范围。

绝密情报是侦查工作的核心机密，一旦泄密或被窃密、被截获，就会给侦查工作造成极严重后果，乃至威胁到情报搜集者、情报使用者、情报传递者的人身安全。因此，接收绝密情报的范围极窄，只限于特定的个别人（如有权阅读和使用该情报的领导和侦查人员）和特定的专案组，如果超越了范围就视为泄密。

机密情报是侦查工作重要的秘密,一旦泄露会使侦查工作受到重大损害。接收情报的范围也比较窄,也只限于有权阅读和使用该情报的个人和有关的侦查业务部门、专案组等。

秘密情报是侦查工作的一般秘密,一旦泄露会使侦查工作受到一定程度的损害。接收此种情报的范围较上述范围宽。

由此可见,情报的密级本身包含着知密范围,即接收情报对象的范围;还包含着情报本身的价值,即对工作所起的作用;同时,也表明了若泄密、失密将给工作造成的危害程度。

因此,传递情报者应知道,什么是密级及其所包含的作用,并且如何根据"密级"来选择传递情报的方式、方法都是极为重要的。比如,绝密情报决不允许扩大范围,在刑事侦查中,有不少情况需要采取"一对一"的直接方式,如守候中的相互联络,同内线侦查人员联络,与秘密力量接头等,常常需要人力方式传递。传递一般秘密情报,由于接收范围比较广,则可通过内部专用电话或专用电传、机要邮寄等方式。

三、监狱信息化建设的新阶段——智慧监狱

监狱和看守所是国家重要的刑罚执行机关,具有维护社会稳定、预防和减少犯罪的重要功能,需要先进的信息技术来保障其职能的履行。

随着物联网、云计算、大数据技术的快速发展,其在推动经济社会发展的同时,更进一步改变了人们的生活、工作方式。在监所管理中引入新兴技术已成为趋势,加快智慧型监所的建设已成为一个重要的研究课题。美国、日本、英国、荷兰、澳大利亚等发达国家在监狱信息化方面正在逐步应用和推广物联网先进的信息技术,实现对犯人的全天候、全区域的跟踪和监视,有效改进了监狱的工作效率,为罪犯提供了一个相对宽松的监管环境,有利于降低被关押犯人的心理抵触情绪,便于开展心理矫治,同时降低了监狱的运营成本。

依据 2007 年司法部《全国监狱信息化建设规划》,我国监狱信息化具体目标是建设数字化监狱,通过信息处理、网络通信、生物识别等各个学科的先进技术将监狱内的各种记录、文字、图像、多媒体等信息进行传输和处理,实现监狱系统内信息采集数字化、信息传输网络化、信息管理智能化、信息分析集约化和信息培训经常化,最终实现监狱更科学、更公正、更规范、更安全、更节约、更高效地履行其刑罚执行职能的目的。监狱的智慧化是未来监所发展的方向,只有加快推进智慧监狱的基础设施建设和管理,才能真正实现"科技强警"带来的变革。

(一)智慧监狱的概念

智慧监狱的核心是物联网监狱,即利用物联网技术,通过安装在监狱环境、物品及佩戴在罪犯、民警等身体上的各种信息传感设备,采集感知监狱相关信息,按约定

的协议，通过接口与互联网相连，实现人与物体或物体与物体之间的沟通和对话，从而给物体赋予"智能"，实现智能化识别、定位、跟踪、监控和精细化管理。此外，智慧监狱的建立也离不开云计算和大数据的技术支撑，将存储、计算、管理、网络、信息等各类资源以服务的形式实现虚拟化、即时定制、面向监狱、灵活组合，以满足监狱信息管理的各种现实需求。

（二）核心技术描述

1. 监狱物联网。物联网是通过 RFID、红外感应器、全球定位系统、激光扫描器等信息传感设备，按约定的协议把以终端形式存在的任何物品与互联网连接起来，进行信息交换和通信，以实现智能化识别、定位、跟踪、监控和管理的一种网络。物联网也可理解为"物物相连的互联网"。物联网的核心特征体现在"全面感知、可靠传输、智能处理"几个方面。

2. 监狱云。云计算是一种按需服务的模式，这种模式提供可用的、便捷的、按需的网络访问，进入可配置的计算资源共享池（包括网络、服务器、存储、应用软件、服务等资源），这些资源能够被快速提供，只需很少的管理或与服务供应商进行很少的交互，即可通过网络以按需和易扩展的方式获得所需的资源。云计算技术按其提供的服务类型可分为基础设施云、平台云、应用云等，其中基础设施云主要为用户提供计算和存储服务，平台云为应用提供开发和部署的托管平台，并调配动态资源，应用云只为用户提供特定的服务。监狱云平台通过在服务器上搭建虚拟机的方式部署应用服务器、数据库，并构建虚拟存储体系，在云端存储应用数据，并在此基础上搭建监狱业务应用系统。

3. 监狱大数据。大数据的实质是在采集、存储、传输数据的基础上，对数据深入分析挖掘，并由此获得传统方法难以发现的有用信息，揭示数据背后隐藏的规律，科学、有效地预见未来发展趋势，从而为决策提供参考。大数据具有的 5V 特点分别为 Volume（规模化）、Velocity（快速化）、Variety（多样化）、Value（潜在价值）、Veracity（真实性）。监狱物联网终端采集的数据涉及视频监控、AB 门、门禁、周界、电网、无线射频设备、监听对讲等安防设备和其他监狱伺服设备，这些数据不仅可用来界定越界事件，还可挖掘出服刑犯日常行为习惯、潜在脱逃风险等。其中视频监控数据所占比例最大，大数据与视频监控融合，经过数据挖掘、智能分析、实时处理、内存加速等技术可以自动及时检测服刑犯的异常行为，通过可靠的方式及时预警，能有效弥补警力不足的问题，因而大数据技术将会给监狱风险预警决策系统带来一场变革。

（三）智慧监狱管理系统

随着各地监狱信息化的深入进行，以当前智慧监狱核心技术为中心建立起来的各种智慧监狱管理解决方案也日趋丰富，重点是在此基础上进行的运用和优化，当前各种物联网和安防企业为监狱量身打造的管理系统主要集中在智慧监狱解决方案上，而智慧监狱整体规划又是监狱管理系统及安全防范系统建设的重中之重。根据监狱民警工作流程、服刑犯活动规律，可将监狱智能化管理及安全防范系统分为四个部分：

1. 监区生命体征监测系统，主要对服刑人员的生命体征、睡眠情况、心理状态及不合常规的异常行为进行监测，此外还建立了以单警生命监测系统为基础的监管安全保障数据链。

2. 监区实时定位智能化管理系统。

3. 监狱决策支持系统，主要包含服务于监狱的宏观态势分析、辅助领导决策、服刑人员及民警大数据分析等。

4. 司法网络舆情监测系统，包括舆情采集、舆情研判、舆情趋势分析、舆情风险评估和舆情统计报告等。

以上各部分相辅相成，共同构筑了监狱智能化管理及安全防范系统。

（四）核心问题描述

1. 外来人车自动跟踪。传统的监狱安防监控系统中CCD相机的分辨率有限，由于诸多因素，拍照和摄像看不清楚或者不能实施预警。引入传感网络系统对进入识别区域的人员、车辆及所携带物品的自动识别和跟踪是对传统监控系统的有力补充，甚至带来的是一场变革。

该系统通过在车辆内安装射频电子装置，使每一部车辆都有一个独特的"电子身份镜像"，不仅可以掌控车辆的静态身份信息，还可掌控其时间和道路空间的动态运行信息。借助云计算和大数据技术记录每部车和每个人的运行轨迹，并计算预测可能的路径，提供实时预警。

2. 服刑人员人数自动识别清点。当前对监狱服刑犯的身份识别主要依靠人工完成，其中对关键节点的清点一般实行"一天四点名"制度，对劳作环节人数清点平均每30分钟一次，民警的工作量巨大。当前监狱所采用的人数清点方式主要有人工清点、条形码扫描式清点、视频分析清点以及无线定位式清点。条形码扫描式人数清点在流水线型的犯人劳作现场相对比较适合，而在机加工型的劳作现场由于占地面积广，使得扫描效率极低，因而这种方法不可行。

视频分析清点涉及计算机视觉与人工智能问题，其基本原理是在固定摄像头里提取出运动区域，根据这些运动区域进行统计，当目标人距离较近时，将一个运动区域分割为多个单人区域，从而对人数进行估计。无线定位式清点利用固定式或移动式监控基站在监区内实现信号全覆盖，在围墙等边界区域布置射频围栏，相关人员佩戴定位腕带，实现对监区内人员实时、全程的主动式监控，应对异常情况及时报警，对狱警进行保护及救援，提高处置突发事件的效率。当前无线定位系统大多采用有源RFID技术，对于监狱人数清点而言，该技术也存在较多问题，如电池更换、定位精度和腕带形式等。目前最佳选择是无源电子标签技术。

对狱内人员包括民警、服刑犯、外来人员的实时定位管理还可结合运用组件式 GIS 与三维 GIS 技术，建立虚拟三维监狱场景电子地图，将所需警用设施、警力、关押人员、监控点以及通过 RFID 将人员的动态位置状态等信息和资料直观、形象地在三维电子地图上显示出来。三维监狱管理系统将 RFID 物联网技术与 GIS 地理信息技术融合，采用低辐射、低功耗、便携式定位标签、电子腕带与服刑犯、民警等移动目标进行绑定，生成唯一身份识别的射频信号数据，通过部署在监狱内部环境中的定位读写器、网关设备构成监狱定位网络骨干环境，能够快速准确地查找到狱内人员的位置，同时可保证单个设备失效不会导致定位报警信号失效、误报等情况出现。

近年来，全国部分监狱发生了越狱脱逃和袭警等一系列恶性案件，包括黑龙江省讷河监狱的微信诈骗等新型案件，给国家和人民带来了严重的危害。随着司法部《全国监狱信息化建设规划》的出台，近十年我国尤其是东南经济发达省份的监狱信息化水平得到了飞速发展。在不久的将来，伴随着各种更新信息化技术的出现，如何更加科学、高效、安全、人性化地管理监狱将会有越来越好的解决方案，而信息领域内的智能监狱系统也会有更长足的发展。

拓展阅读

"区块链"技术在监狱中的运用

2016 年 12 月"区块链"首次被写入《国务院关于印发"十三五"国家信息化规划的通知》，监狱系统紧跟步伐，积极开拓一条新型发展之路。区块链技术最早在 2008 年中本聪发表的论文中被提出，后来依次经历了以区块链为单位的块链式数据结构的区块链 1.0、创建可共用的技术平台的区块链 2.0、以价值互联网为内核的区块链 3.0。如今区块链技术逐步发展，引起了国内外的极大重视。

一、区块链技术的优势

区块链利用数据加密技术将数据区块以链式存储结构的形式存储，每个区块包括区块头和区块身，区块头存储上一个区块的哈希值，作用类似于指针，区块身保存经过验证合法的记录和时间戳等。

区块链利用 P2P、共识机制来建立分布式存储节点的信任；利用智能合约实现交易的自动执行，并且是不受外界干扰的准确运行；利用"脚本"对数据进行自动操作，实现可编程的数据库。区块链可能会成为创造信任的一种协议，类似于 HTTP 协议、TCP/IP 协议，利用计算机编程语言来开发去中心化的产品。数据存储：区块链是去中心化的存储结构，多个节点组成端到端的网络，每个节点的地位都是对等的，个别节点的故障不会影响到整个系统，可解决监狱系统内部共享性差的问题；区块链中若更改某个区块的数据，则要更改此块后面的所有数据，因此很难实现，区块链本身的机制实现了其不可更改，即使内部工作人员也无法更改，确保监狱系统中数据一旦上链则不可更改；区块链中接入的节点越多，则安全性越高，当区块后面连接 6 个区块后，信息几乎不可能被篡改，此时被称为稳定状态圆，可实现智慧监狱中数据的可靠存储。数据溯源：利用时间戳和加密技术的链式存储结构，保证可以追溯每一笔交易。

在智慧监狱中实现数据的取证操作。区块链节点利用相互验证保证准确性，若对交易有疑问，可利用回溯交易记录，从而准确判断真实性。如监狱生产车间的产品信息上链保存，产品信息包括配件溯源信息和配件产品检测证书，从而可以检验产品的质量合格性。数据交易：所有的数据的传送都是基于公钥地址的，而非具体到个人真实身份，在匿名的状态下完成区块链中的交易，但无法知道其真实身份，匿名特征为举报者提供了安全保护；区块链是创造信任的网络，节点之间按规则操作，实现对整个体系的信任，区块链中数据记录和规则都是透明的，任何人都可用公用接口来查询数据，人为无法对它更改，实现监狱系统中所有数据都上区块链，数据实时传送。数据安全：区块链可以看作利用加密算法和共识机制来保证数据不被篡改的一组协议。区块链利用最长链条作为工作量的一种证明。只要长链条是诚实矿工创造的，则区块链是安全的，利用时间戳来标识先后次序，避免重复交易。

二、区块链技术在监狱的应用研究

区块链分为公有链、联盟链和私有链，由于私有链主要提供安全、可追溯、不可篡改、自动执行的运算平台，可以同时避免来自内部和外部对数据的攻击，因此符合承载公平、公正、严明、可靠的监狱环境的要求。

首先利用区块链保存信息并且保证其不可被更改，其次实现信息的共享，建设良好的跨平台协作。利用 IPFS（Interplanetary File System）加密保存数据，与智能合约相结合，实现信息的保护和共享，区块链系统与原始系统利用接口对接，实现对原始信息系统的保护。IPFS 包括块交换、哈希表等，保存文件时得到文件指纹，获得文件后，通过文件指纹将文件取出并验证，再将其返回。

在智慧监狱领域，区块链的去中心化，可以将不同数据资源集成于一个区块链中，利用区块链的分布式存储并结合一定的云存储技术，实现对智慧监狱信息的存储。利用区块链的共识机制实现信息的匿名性，确保了隐私保护，区块链运作越高速则共识的代价越昂贵。通过数据加密哈希算法解决共享后的权限问题，保证数据的不可篡改性，降低了系统的信任风险，将区块链应用于智慧监狱，保存原始数据，防止人为篡改，杜绝"走关系"篡改罪犯表现基础数据，提高数据的可信度。区块链的每个节点都保存完整的数据备份，即使某个节点数据丢失也可从其他节点将数据恢复。将区块链技术应用于数据采集方面，给加入区块链的原始数据添加时间标记，从而证明数据的真实可靠性，是一种较低成本的验证过程。实现将各个监狱的数据资源集合到区块链中，监狱管理局负责区块链的监管，完成数据的上链和信息的共享。

在罪犯管理方面，将区块链用于犯人基本信息记录的保存，即每个犯人拥有一个账本，从而有了关于自己过往的完整数据库，这些数据的掌握者是罪犯本身，充分体现了智慧监狱的现代化的一个重要的考量标准——"人文性",从人性上避免犯罪心理上的漏洞。

狱中表现数据。罪犯在狱中会进行劳动改造和思想改造,狱中表现数据非常重要,且为罪犯减刑的重要依据,因此必须保证数据的真实性和无法篡改性。基于区块链特有的数据安全性,能充分利用区块链上的记录来决定是否满足减刑条件。根据监狱系统视频监控中所获数据,利用"区块链+人工智能"技术分析犯人的行为轨迹,避免脱逃、自杀的发生。

警员模块。警员任职履历包括警员的出生背景、教育程度、工作经历、工作绩效、年终考核等,形成多方共识的警员电子档案,用技术手段避免繁琐的信息整合,减轻了档案管理的工作。警员巡更管理记录警员巡逻路线并被保存,准确评定工作时间的表现;记录警员能否走到罪犯中间,了解他们的思想波动,筑造良好的警囚关系。

财务数据管理模块。监狱中所有开支数据实时存入区块链,实现了过程的透明化和信息的准确性,较好地实现了财务资金的监管。劳动收益由于劳作的特殊性而有所不同,通过区块链将劳动产品的追溯认证放到监管中,将整个制造过程存储指纹记录作为数据的存证,由于过程的公开化,避免了极端分子的破坏行为,保证了产品的安全性。

信息管理模块。日常的文件、工作安排和会议记录等及时存入区块链,利用区块链信息的实时传送使所有人都可及时获取最新信息。对链中数据设置数据访问权限分级控制,不同级别获得的信息量也不同,通过加密算法,使数据只能被相关人员阅读,从而强化对隐私内容的保护,提高数据的安全性。

监控中心模块。实时监控监舍、生产车间、食堂及监狱周边区域,出现紧急事端及时报警。对监控中心数据开展预警判断,将事端抹杀在萌芽中。监控数据及时打包上链。监狱内重要通道对出入人员实时记录,对限制区域增设门禁。对监舍每隔一小时清监一次,人数不齐将会报警。劳作场地也要每隔半小时清点一次。通过必要的监控措施,减轻警力,提升监狱的安全性。

智慧监狱中区块链的数据类型。智慧监狱中区块链采用多种数据类型,对不同的数据作不同的数据存储处理。区块链API/SDK将适配接收并格式化这些数据,在核心数据和计量证书签名后上链存证,区块链中存放文件的哈希值后,用户在客户端对文件查找,利用IPFS网络获取目的文件。利用区块链的防篡改性避免人为的篡改;利用链上时间戳和哈希值,实时追踪数据变化的全过程,数据防伪性增强。利用加密算法和智能合约相结合来实现对隐私数据的保护,如罪犯和警员的个人信息模块的信息和加密密钥一起存于区块链中,通过数字指纹防止信息被泄露,其当事人可利用智能合约来更改数据访问权限。对于犯人模块,犯人自身拥有;对于警员模块,警员自己掌管。

认真贯彻党的十九大精神,积极落实"科技强国,网络强国,数字中国,智慧社会"战略部署，秉承"没有信息化就没有现代化"的工作思路，注重在科学化、精细化、智慧化上下功夫，创造"狱警大脑"聪明过人、"感知触角"无处不在、"智慧监狱"保障平安的新气象，推动区块链、云计算、大数据等先进技术在监狱工作中的深度融合发展，努力将罪犯改造为守法公民，维护社会的安全稳定。智慧监狱是未来监狱系统信息化建设的基本方向，它是融合智慧城市、智慧地球理念于监狱领域的映射，加强对智慧监狱的研究探索，努力引导监狱信息化建设向更广、更深方向发展，为监狱现代化建设提供长足动力。

复习与思考

1. 监狱信息化发展的现状怎样？
2. 狱内侦查情报工作的流程是什么？分别包含哪些内容？
3. 什么是智慧监狱？智慧监狱建设有哪些核心技术？

项目七

其他国家情报机构建设

任务一 世界上主要国家的情报机构

教学目标

了解世界上主要国家的情报机构的发展历史,明晰情报机构的名称和职能。

理论链接

一、美国情报机构建设情况

根据美国国家情报总监办公室 2009 年发布的《美国情报界概览》显示,美国情报组织分为项目管理者、部级情报机构和各军种情报机构三大类,总共 17 个机构。它们在情报运行体制上遵循"中央集权"与"分工负责"相结合的原则。总统是国家情报系统的最高统帅和主要用户,通过国家安全委员会对整个情报系统实施指挥和管理,提出和下达任务。情报系统各个组成单位在国家情报总监的领导下,各司其职,通过国家情报总监向总统和国家安全委员会负责。这 17 个机构中,项目管理者 7 个,分别是国家情报总监及其办公室、中央情报局、联邦调查局、国家安全局、国防情报局、国家地理空间情报局和国家侦查办公室;部级情报机构 5 个,分别是司法部毒品管制局、能源部下属的情报与反情报办公室、财政部下属的情报与分析办公室、国务院下属的情报与研究局和国土安全部下属的情报与分析办公室;各军种情报机构 5 个,分别是陆军、海军、空军、海军陆战队和海岸警卫队下属的情报机构。

(一)各个情报机构在具体职能上的分工

1. 七个项目管理者。

(1)国家情报总监及其办公室,是美国情报界的首脑,负责向总统和国家安全委员会提供国家安全有关情报,并监督和指导国家情报计划的实施。

(2)中央情报局是美国最大的间谍机构,专门从事对外情报业务,包括公开和秘密地收集和分析关于外国政府、公司和个人在政治、文化、科技等方面的情报。

（3）联邦调查局是美国最大的反间谍机构和最重要的联邦执法部门，也是最大的调查与联络中枢。

（4）国家安全局是美国军事系统重要的电子情报窃听记录中心，通过侦查卫星和遍布全世界的监听站、网络，监听、截获世界各国的无线电通信信号。该局每年至少耗资120亿美元，有军人和文职人员约16万人，为美国政府提供约占总量85%的情报信息。位于英国、占地560英亩的曼威斯山监听站就由其控制。

（5）国防情报局隶属于国防部，负责对国防情报资源进行组织、指导、分配、管理和控制，作出紧急反应并负责秘密的"特种军事行动"计划。

（6）国家地理空间情报局的主要任务是研究美国通过间谍卫星和其他途径获得的航空照片及各种图像，绘制相应的影像图。

（7）国家侦查办公室主要从事间谍卫星侦查管理工作，为整个美国情报界安排卫星侦查计划。

2. 五个部级情报机构。它们的基本职能大部分限定在各自业务领域。

（1）司法部毒品管制局负责收集、分析、整理、发布有关毒品的情报信息。

（2）能源部情报与反情报办公室负责收集、整理全球能源及核领域相关的情报资料。

（3）财政部情报与分析办公室负责分析、整理有关财政金融以及反恐相关的情报信息。

（4）国务院情报与研究局主要是对各种外事信息进行研判，向国务卿及其他高层决策者提供情报分析和咨询意见。

（5）国土安全部是"9·11"后为保卫本土安全而成立的全新机构，专注于反恐，其情报与分析办公室负责收集、分析、整理、发布有关美国本土安全的情报资料。

3. 各军种情报机构。陆军情报局、海军情报局、空军情报监视侦察局和海军陆战队情报行动处等军种的情报机构在业务上均隶属于国防部，分别担负各军种相关战役、战术的情报处理任务。由于海岸警卫队于2005年成为隶属于国土安全部的独立军种，其下属的情报机构总部担负海岸警卫队相关的情报任务，在业务上对国土安全部负责。

（二）情报经费预算

从预算角度讲，中央情报局、联邦调查局和国家安全局是美国国家情报委员会（I.C.）三大用钱单位，迄今为止，最高纪录是加起来占到国家情报委员会预算的80%。这三个单位，加上国家地理空间情报局和国家侦查办公室（上级单位不仅限于国防部）被称为"big five"，因为它们是情报经费最多的五个单位。

美国情报部门的预算来自两大块：国家情报计划（NIP，1947年即中央情报局成立那年立项，面向非军事行动，由国家情报委员会管理）和军事情报计划（MIP，面向军事行动，由国防部管理）。中央情报局和联邦调查局的活动经费来自国家情报计划，国家安全局、国防情报局和国家地理空间情报局的活动经费来自两者。

"9·11事件"导致了美国情报界的改革，促成了国家情报总监的设立。在国家情报总监之前，国家情报委员会的上司是中央情报主任，也即中央情报局的上司。国家情报委员会的上司变成国家情报总监后，国家情报委员会的这些情报机构转而向国家情报总监汇报工作（但各单位本身还是依照自己系统的命令行动），而国家情报总监直接对总统负责——每天做简报（PDB）。国家情报总监是美国情报界名义上的最高职位，不过我们观念中那种一级压一级的权力，它并不拥有（或者说极其有限），但它控制着国家情报委员会的经费。

国家安全局隶属于美国国防部，办公地点在五角大楼。美国国防部与中国国防部不同，上面没有军委这样的机构，它对美国军事事务的管辖是全方位的。国家安全局与国防情报局（也隶属于国防部）和中央情报局工作的最大不同之处在于，后两者首要的工作是面向"人"的间谍活动，而国家安全局不能参与此类间谍活动——它的典型工作比如监视反越战活动，经济间谍活动，此外，遭斯诺登泄露的公众信息是由国家安全局负责监控的。当然，实际情况比较微妙多变，往往不能轻易搞清楚状况，所以国家安全局经常客观上越界，它的首席指挥官必须是现役军官。

（三）美国主要的情报机构

1. 中央情报局（Central Intelligence Agency，CIA）。

官网地址：https://www.cia.gov/index.html。

成立时间：1947年。

总部位置：弗吉尼亚州，兰利。

职能：收集、分析并传播外国情报。这些情报有的来自快捷信息，有的来自人力资源。

预算：保密。在他们的网站上，中央情报局称，"无论是员工人数，抑或是机构预算，我们都不能公开。有些公众误解我们有着无限的预算，这实际上大错特错"。但是也不是丝毫没有任何信息流出，2005年，美国中央情报局的副局长曾在不经意间泄露其年度情报预算为440亿美元。

第二次世界大战以后，为应对冲突而设立的美国情报组织——战略服务局（OSS）被撤销，许多分支机构被分到政府其他部门。因此，反情报和秘密情报分部改为战略服务分队划归陆军部，研究和分析部则被分配到国务院。然而，杜鲁门总统不久就发现自己陷入了来自政府各部门情报报告的"文山文海"之中，于是成立了国家情报局及其行动机构，即中央情报组（CIG），以协调并核对这些报告。中央情报组既是协调机构，也负责情报搜集。

时至1947年，美国颁布了新的《安全条例》，其中规定：中央情报局是总统执行办公室的一个独立机构,取代中央情报组。根据条例规定,中央情报局具有以下五种职能:①向国家安全委员会提供政府各部门和机构有关国家安全方面的情报活动的情况;②向国家安全委员会提供协调政府各部门和机构有关国家安全方面的情报活动的建议;③联系和评价有关国家安全的情报,为政府内部适当传播情报,在适当的地点提供有用的机构和设施;④为了现存情报机构的利益,从事共同关心的辅助服务,以便更有效、更集中地执行国家安全委员会的决定;⑤履行影响国家安全的有关情报的其他职能和义务,以便国家安全委员会能随时进行指导。

中央情报局没有国内任务,也没有逮捕权,只是美国从事情报分析、秘密人员情报搜集和隐蔽行动的重要政府机构。

2. 国家安全局(National Security Agency,NSA)。

官网地址:https://www.nsa.gov/。

成立时间:1952年。

总部位置:马里兰州,米德堡。

职能:国家安全局是美国军事系统的重要情报机关。它名义上是国防部的一个部门,而实际上则是一个隶属于总统并为国家安全委员会提供情报的秘密组织,其经费开支和人员编制均不受财政部和人事部检查。该局谍报活动每小时耗资约达100万美元,总计每年至少耗资120亿美元。该局总部和外站共有军人和文职工作人员约16万人。美国政府每天收到的秘密情报,约有85%是国家安全局提供的。因此该局一向有世界上最大的"超级情报机构"之称,其主要工作是:通过侦查卫星和遍布全世界的监听站,截获世界各国的无线电通信信号,侦查各国的军事动向,破译各国的密码,搜集各国的信息资料,为美国政府提供各种加工整理的情报资料等。总部大楼里布满了世界上最先进的高性能电子装置。

预算:保密。有人估计国家安全局为世界上最大的情报机构,其规模是中央情报局的3倍。据《华盛顿邮报》报道,其总部占地约1630万平方公里,基本与五角大楼的规模持平。

3. 联邦调查局(Federal Bureau of Investigation,FBI)。

官网地址:http://www.fbi.gov/。

成立时间:1935年。

总部位置:华盛顿特区。

职能:联邦调查局是美国司法部下属的主要特工调查部门,是美国最大的反间谍机构和最重要的联邦执法部门,也是最大的调查与联络网络中枢,与中央情报局并驾齐驱,成为美国谍报界的象征,在美国当代史上扮演了重要角色。1908年美国司法部长波拿巴为了满足建立一个联邦调查机构的需要,在司法部内部成立了调查局。该局总部设在华盛顿宾夕法尼亚大街,目前全局共有5万名工作人员,其中专家有400多名,专职特工1万名,每年预算达7亿多美元。美国联邦调查局已成为世界上规模最大的反情报和反间谍机关。

主要机构有：重罪调查处、刑事档案处、培训处、检查处、行政处、国内情报处、全国犯罪情报中心、科学实验室、通讯处、法律咨询处、技术服务处等。美国联邦调查局还在全国各州和重要城市设有 59 个分局。分局下设办事处，遍布各个城镇乡村。每个分局里均设有专职反间谍人员和一个情报搜集小组。

预算：根据其网站公布的数据，2012 年，整个联邦调查局的预算大概是 81 亿美元，包括增加 1.19 亿美元去实施"增强我们的反恐、计算机入侵和其他计划"。

其他：联邦调查局的国家安全部门（NSB）建立于 2005 年，集合了反恐、反情报、大规模杀伤性武器和隶属于独立联邦调查局领导者的情报等多种资源。国家安全分部（FBI Intelligence Branch），隶属于美国联邦调查局，从事反情报与反恐怖活动的工作。

以上是美国的官方情报机构，它们还与其他政府组织和私人开展合作。据《华盛顿邮报》的报道称：在美国，1271 个政府组织和 1931 个私人公司在为情报、反恐或国土安全服务。仅仅国家安全局就与超过 250 家公司签约进行情报工作合作，包括著名的诺斯罗普·格鲁门公司和 SAIC（总部设在圣迭戈，是美国著名的跨国联合体，它旗下包括西门子、通用动力、IMA、ITT 技术公司、诺基亚和埃尔比特等最具实力的高技术公司）。

4. 中央情报局与联邦调查局的区别。中央情报局是美国唯一一个独立的情报部门，即没有直属上级单位。总部在兰利，离首都很近。中央情报局最基本的工作就是间谍/反间谍活动。这是个强大的部门，2013 年的经费支出占国家情报委员会预算的 28%，超过了另外两个大预算单位——国家安全局和国家侦查办公室。

联邦调查局隶属于美国司法部（DOJ）。准确地说，联邦调查局不是纯粹的情报机构——它是犯罪调查组织（联邦警察）与对内情报机构的混合机构。联邦调查局 1908 年成立时叫"调查局"（BOI），1935 年改为现在的名字，它比 1947 年成立的中央情报局还早了 12 年。联邦调查局总部在华盛顿特区，叫胡佛大厦。它在 65 个国内主要城市设有办公点，有超过 50 个国际办公点——常与大使馆绑定。

联邦调查局下设四个部门，其中的国家安全分支（National Security Branch）与前述其他几个部门在职能上略有接触，是美国的国家安全警察，职能与我国国家安全部高度重合。这个部门下面再分为两个主要的部门：反谍报部门（Counterintelligence Division）和反恐部门（Counterterrorism Division）。前者主要针对外国在美国境内的间谍活动；后者则顾名思义，专门负责反恐调查和行动。

中央情报局可能会将国外搜集到的间谍信息，或者恐怖组织在美国境内计划行动的信息，通过 United States Intelligence Community 共享，这时联邦调查局就要在国内行动，抓捕间谍或者恐怖分子。联邦调查局主要是司法机构，以维护美国法律为目的，主要处理国内案件，偶尔涉外；中央情报局搜集人工情报，它的工作围绕情报处理而展开，主要处理国外事件，偶尔涉内。从它们招聘特工的方式可窥一斑：联邦调查局的招聘流程与我国公务员很像，要根据招聘信息报名，有审核程序（类似政审），有年纪限制；而中央情报局招特工只看重应聘者有没有搜集处理情报的技能，因此中央情报局中有很多数据分析师、电脑专家等。

二、英国情报机构建设情况

（一）英国情报机构发展历史

英国情报机构的发展历史最早可以追溯到19世纪。1917年对齐默尔曼电报的解密被描述为第一次世界大战期间英国最重要的情报胜利，也是信号情报影响世界事件的最早时期之一。

1873年负责管理英国陆军的战争办公室成立了情报处，成为军事情报局。1882年成立了对外情报委员会，1887年其演变成海军情报署（NID），1902年成立帝国防务委员会，负责军事战略问题的研究和协调工作。1909年，为控制英国和海外的秘密情报行动，特别是德国的活动，在海军部和战争办公室的联合倡议下成立特勤局。该局分为海军和军队部门，随着时间的推移，它们分别专门从事外国间谍活动和内部反间谍活动。1916年，在第一次世界大战期间，这两个部门进行了行政改革，成为军事情报部门第5部分（MI5）和军事情报部门第6部分（MI6），分别演变成现在的安全局和秘密情报局。1919年，内阁的特勤局委员会建议建立一个和平时期的破译机构。工作人员从陆军信号情报机构NID25和海军的信息情报机构MI1b合并成立GC&CS，1946年6月更名为"政府通信总部"（GCHQ）。

作为帝国防务委员会的一个小组委员会，联合情报委员会成立于1936年。在第二次世界大战期间，它成为英国政府的高级情报评估机构。联合情报委员会于1957年移交内阁办公室，其评估人员为委员会准备情报评估并进行审议。1946年，联合情报局（JIB）成立。其分为一系列部门：采购（JIB1），地理（JIB2和JIB3），防御、港口和海滩（JIB4），机场（JIB5），关键点（JIB6），石油（JIB7）和电信（JIB8）。

1964年成立国防部时，联合情报局、海军情报局、军事情报局和空中情报局合并组成了国防情报人员（DIS）。国防情报人员主要关注冷战问题。1989年《安全服务法》和1994年《情报服务法案》颁布后，安全局（MI5）、政府通信总部和秘密情报局（MI6）获得法定地位。

2009年，国防情报人员更名为国防情报局（DI）。2013年成立国家犯罪局（NCA），对严重有组织犯罪的情报进行收集和分析。其前身是严重有组织犯罪局（2006~2013年）、国家刑事情报局（1992~2006年）和国家毒品情报局（20世纪70年代至1992年）。

内政部管辖四个国内情报单位：①国内极端主义和骚乱情报机构（NDEDIU），其历史可追溯到2004年，并自2011年以来被伦敦警察厅托管；②国家安全和反恐办公室

(OSCT),创建于 2007 年,负责领导反恐工作并与警察和安全部门密切合作;③国家弹道情报局(NBIS),于 2008 年创建;④国家欺诈情报局(NFIB),由伦敦市警察局于 2010 年建立。

在第二次世界大战期间和之后,许多观察家认为无线信息收集和密码破解对第二次世界大战的同盟国具有极大的价值。在战后时期,英国和美国之间的情报合作构建了两国的"特殊关系"并成为西方情报收集的基石。

(二)英国主要情报机构

英国的情报机构主要由国家安全局、秘密情报局、空军情报局、海军情报局、政府通信总部以及英国伦敦警察局等组成。其中最为人瞩目的是"三驾马车":国家安全局、秘密情报局和政府通信总部。国家安全局曾名为"军事情报第五处"(MI5),又称"保安处",主要负责国内安全。秘密情报局就是"军事情报第六处"(MI6),主要从事间谍和反间谍活动,负责与英国国家安全直接相关的恐怖主义、政局不稳等领域,对外也曾称为"政府电信局"或"英国外交部常务次官办事处"。军情五处和军情六处成立于 1909 年。政府通信总部是通过电子设备监测各种通信及电子信号,搜集和破译各种密码,提供政治和军事方面的通信情报的机构,其驻地分散于世界各地。

国家犯罪局(NCA)是英国国家执法机构。它是英国打击有组织犯罪的牵头机构,同时可以负责调查人口、武器和毒品贩运、网络犯罪、跨越区域和国际边界的经济犯罪等任何犯罪。国家犯罪局在分析整个英国的情况、犯罪分子的运作方式以及如何打击他们的战略中扮演着重要角色。为此,它与区域有组织犯罪单位(ROCU)、严重欺诈办公室以及各个警察部队密切合作。国家极端主义和骚乱情报部门(NDEDIU)是伦敦大都会警察局专家行动小组内的一个警察单位。该部门于 2004 年在威尔士和英格兰的首席警察协会下成立,其目的是直接打击国内极端主义,包括极端主义驱动的恐怖主义行为。国家欺诈情报局(NFIB)是英国负责有关欺诈和财务动机的网络犯罪情报收集和分析的警察部门。

联合情报组织(JIO)是负责评估英国情报界的分析和发展能力的情报机构。主要职能是评估当前关注的情况和问题,警告对英国利益的威胁以及确定和监测面临不稳定风险的国家。联合情报组织评估人员由来自各个部门和学科的情报分析员组成,他们利用一系列情报,主要来自英国情报机构,还有外交报道和开源材料。联合情报组织的负责人也是情报分析的专业负责人,并就分析师的招聘和培训、职业结构和交流机会方面的差距提出建议,以提高英国情报界的分析能力。情报分析专业主管还为所有英国情报界、情报分析员开展分析方法的培训。

任务二　主要世界大国情报体制改革举措及对我国的启示

教学目标

了解世界上主要国家的情报体制改革的主要举措，掌握这些举措对我国情报体制建设的借鉴意义。

理论链接

一、主要大国改革国家安全情报体制的主要举措

从第二次世界大战后开始，主要大国对国家安全情报体制进行了改革。

（一）建立中央情报机构，以统一管理国家安全情报工作

传统的国家安全情报体制以军事情报机构为主，而军事情报机构又听命于本军种，很少关注其他军种的情报需求，更遑论整个国家的安全情报需求了。世界主要大国中，俄罗斯最早建立中央情报机构。在俄罗斯的国家安全情报体系中，其国家安全机构建立较早，地位也较军事情报机构突出。在美国的国家安全情报体系中，中央情报局无疑占有重要的地位。它是美国情报体系中唯一一个不隶属于任何政府单位的独立情报机构。以色列在建国后也建立了自己的中央情报局"摩萨德"。1951年4月以色列建立"摩萨德"之时，其名称即中央协调暨情报与安全局，其协调性质与"中央"性质一览无余。

（二）合并军种情报机构，成立统一的国防情报机构

近代建立的军事情报机构分两种类型，即军种情报机构和总参情报部这样的综合情报机构。合并军种情报机构，建立统一的国防情报机构，或者在军事情报机构间建立起某种协调机制，使其更顺畅地运转，是各国改革军事情报体制的主要途径。

（三）建立多种形式的协调机制，提升情报机构的效率

英国最早意识到国家安全情报工作的管理问题。美国除了成立国家情报总监办公室、设立国防情报总监和国防情报局之外，还通过一系列的协调机制打造一体化的军事与安全情报界。法国军事情报局的成立在一定程度上改变了法国军队情报条块分割的局面，但同时也引起了军事情报局与对外安全总局在对外军事情报工作上的分工问题。

（四）建立国家安全情报管理机构，打造一体化的国家安全情报界

由于国家安全情报工作涉及不同军种、军地部门，这就对国家安全情报管理工作提出了很高的要求。由"中央情报机构"协调、管理情报界的尝试，很快就暴露出明

显的弱点,因此,主要大国开始探索建立专业国家安全情报管理机构,以加强情报界的协调与管理,打造一体化的国家安全情报界。

(五)根据技术手段,建立专业情报搜集机构,以提升情报搜集的效率

随着现代科学技术的发展,情报技术越来越发达,新的情报搜集手段不断出现,专业的技术搜集机构随之建立,如信号情报机构、航空和航天侦查机构。技术搜集需要耗费大量的物力和智力资源,因此随着情报搜集技术的发展,各国均对技术搜集机构进行了整合,从原先依托的军事情报机构独立,成为单独设置的技术搜集机构。

(六)融合国家安全情报资源,进行全源情报分析

近代的军事情报工作,集中在了解对手的纯军事情况,很少涉及战争潜力、国民士气、人口状况等非军事情况,由此得出的有关对手战争潜力方面的分析实际上脱离了实际情况。第一次世界大战已经证明,传统的军事情报分析不能适应大战略对情报的需求,第二次世界大战更是证明,情报机构各自为战,缺乏全源情报分析,是情报失误的根源。因此,超越军事分析,系统分析潜在对手的战争潜力,成为一种必然选择。

(七)重新定义国内安全情报工作,实现对外情报工作与反情报工作的一体化

在世界大国中,俄罗斯对反情报的认识十分独到。在苏联的情报体系中,国家安全系统发挥着十分重要的作用。它不仅从事对外情报活动,也从事国内安全活动。后者的重要性远远高于前者。苏联叛逃者维克多·苏沃洛夫(Viktor Suvorov)曾经指出,对苏联而言,来自国内的敌人与来自外部的敌人一样可怕。克格勃是防止苏维埃政权因内部动乱而崩溃,而格鲁乌则是防止苏维埃政权因外部打击而崩溃,双方的职能是一致的,所以,克格勃更多地把力量放到了国内安全方面。

二、主要大国国家安全情报体制改革对我国的启示

我国的国家安全情报体制诞生于战火纷飞的战争年代,新中国成立后又历经多次改革,已经形成体系基本完备、配备基本合理的国家安全情报体制。但是,中国是一个崛起的大国,崛起的大国对国家安全情报工作提出了新的更高的要求。改革国家安全情报体制,提升情报能力,真正使情报成为战斗力的倍增器,就成为摆在我们面前的重要使命。结合主要大国改革国家安全情报工作的实践,借鉴主要大国的有益经验和教训,我们提出如下建议。

(一)重新定义国家安全情报工作的地位与作用,树立"情报先导"的战略意识

20世纪90年代,英国的犯罪率居高不下,警方的工作效率和经济效益受到质疑,革新警务战略的呼声日益强烈。1997年皇家督察出版《警务与情报》研究报告,正式提出"情报引导警务"这一概念,以解决警务决策和警力部署的科学化问题。这是一

种主动先发的警务模式，对应于被动反应式的警务模式。它以犯罪情报的分析与解读作为决策依据，目标是通过情报解读犯罪环境，通过情报影响决策环境，通过决策改变犯罪环境。"9·11"事件后联邦调查局进行的改革也明确以情报驱动整个执法工作，并在国家安全分局（National Security Branch）设立了情报分局（Intelligence Branch），2014年后更使情报分局从国家安全分局独立，成为联邦调查局一个单独的部门，凸显了情报工作在整个执法工作中的重要作用。可见，"情报先导"这一概念更直观地反映了情报在警务工作中的作用，它必将渗透到整个国家安全工作中。

(二) 落实总体国家安全观的要求，建立专职国家安全情报机构

总体国家安全观提出了11类国家安全威胁，反映了新时期国家安全内涵的变化。因此，我们应落实总体国家安全观的要求，厘清国家安全职能与一般的行政职能，建立专职的国家安全情报机构，应对各种国家安全威胁。总体国家安全观是新时代我党对国家安全形势的最新认识。除了国际社会公认的军事、政治、情报、信息等领域的安全威胁外，非传统安全威胁被纳入国家安全领域。应对这样的非传统安全威胁，已经远远超出了传统国家安全机关的能力。例如，经济、金融、文化、生态、核技术等安全领域威胁，显然非传统国家安全机关所能应对，与此类安全领域相关的职能部门大多分散在政府各组成部门（尤其集中在公安部门），它们并非情报界成员，对自身的功能定位相对模糊，危机预警能力较弱，一旦发生危机也很难及时应对。因此，建议修改我国《国家情报法》，界定国家安全情报工作，明确将总体国家安全观所涉情报工作列入国家安全工作范畴，重新定义国家安全情报机构的组成，厘清国家安全工作与一般政府行政工作的界限，增强公安情报机构的作用，建立各司其职的国家安全机构，打造一体化的国家安全情报界，强化其危机预警和应对功能。

(三) 强化情报管理体制的顶层设计，加强情报界管理

情报管理体制是情报工作系统的组织形式，主要研究情报工作的组织系统、机构设置、建制和领导关系，以及情报机构的职能及分工等，反映了一个国家对情报工作的总体部署，以及国家和军队对情报工作的认知。一个合理、完善的情报管理体制，能够优化情报力量的配置，提高情报机构的效率，确定合理的情报需求，对重大的情报问题形成共识。不合理的情报管理体制则会干扰情报工作的正常开展，影响情报机构的工作效率，妨碍情报机构的信息共享，不能使情报机构形成合力。因此，建设一个合理、完善的国家安全情报管理体制，才能更有效地维护国家安全。世界主要大国国家安全情报体制的发展的突出特点是：情报体制始终跟随着国家发展、任务调整、体制转变而转变；情报体制的转变必须要首先确立合理的机构体系，辅以配套的立法规章，并形成必要的补充或协调机制。综观主要大国的情报管理实践，在国家安全决策机构（国家安全委员会）下，建立一个协调型的情报管理机构，负责情报界的管理，制定情报界的政策和标准，确定情报需求框架，调配情报资源，分配情报任务，评估

情报行动，总结经验教训，推进情报界的信息共享，推进情报界的一体化进程，是主要大国情报改革的主要举措。

（四）建立集中型的技术搜集机构，提升技术侦查能力

现代国家根据情报搜集手段，建立了各种专业化的情报搜集机构。如中央情报局是美国主要的人力情报机构，国家安全局是美国的信号情报机构，国家侦查办公室是美国的航天侦查主管机构，国家地理空间情报局是美国的地理空间情报主管机构。这种"烟囱式"体制优缺点并存。优点是，它提高了情报机构的工作效率，避免了各个手段的重复建设；缺陷是，情报机构之间的竞争十分激烈，情报融合、信息共享不易实现。根据侦查装备和侦查技术的不同，技术搜集可以分成信号情报（我国称无线电技术侦查）、图像情报（我国称图像判读）、测量与特征情报、网络情报四大类。

（五）建立适度归口的战略情报分析机构，实现全源情报分析

现代情报工作理念认为，情报分析是整个情报工作的中心环节。搜集阶段和处理加工阶段所获得的数据资料只能称为信息，而不能称为情报，因为这些资料尚未经过诠释、综合和分析，其形式和内容尚不能满足情报用户的需要。由信息转变为情报是一次质的飞跃，而分析与生产则是实现这一飞跃的关键环节。分析与生产就是通过对"全源"数据资料进行综合、分析、评估和诠释，将处理过的信息转化为情报并最终形成情报产品的过程。从主要大国情报体制以及近年来情报工作的发展变化来看，情报分析与生产日益成为整个情报工作流程的核心，对情报搜集有着关键的指导作用，决定着情报分发和使用的效率。因此，建立一个独立的、综合性的、归口统一的战略情报分析机构，十分必要。该机构应当对各个战略情报搜集机构拥有情报需求的计划、指令和评估权责；应当成为全国战略态势显示的终端和中心，应当是全国情报的统一归口上报机构，在重大情报问题上能综合各情报机构的材料、观点，形成共识，供决策者参考。

（六）加强国家情报体制的立法和制度建设，规范国家安全情报机构行为

综观主要大国的情报发展历程，情报立法始终是其中的一个关键环节。通过情报立法，不仅可以建立和规范情报机构的地位、作用、职责、与其他机构之间的相互关系等，而且可以为情报工作的开展确定相应的范畴、职责、权力等。美国情报机构的建立、情报体系的调整大多依赖于相应的立法法案，在规定某一领域范围的具体工作时，往往还辅以相应的条令、条例或规章，两个层面的立法和制度共同构成了情报体系运转的基本框架。

我国在情报立法上起步较晚，各个情报机构的建立，多以相应的机构调整、体制调整方案为依据，情报机构的职能、工作权限和范围等也因此具有较大的弹性，各机构可以根据自身或上级的要求，扩展相应的工作范围，这也是机构之间职能重合、条块分割的部分原因。国家安全情报机构的建立，更多地依赖于编制、体制与机制，在

规定员额、装备、编制等方面较为详细,但在各个情报机构职能如何区分、相互如何协调方面缺乏统一的筹划和指导。目前我国各个情报机构均有较为完善的规划制定、评估和检查机制,但并未将整个情报体系作为一个完整系统来确定详细的阶段发展目标、某个领域的发展方向等,尤其是一些跨部门、跨层级的情报工作,也应当以整个情报体系为整体来确定规划和目标,保持统一性和整体性。

(七)加强国家安全情报教育,强化国家安全意识

人是情报工作的主体,人才队伍建设是推动国家安全情报工作不断向前发展的重要基石。故孙子说"上智为间";美国前中央情报主任凯西曾说过,"我们是否有足够的吸引力,把足够的人才保留下来或请进来,是我们事业成功的关键";朱德总司令指出:"唯有最有学识、最勇敢、最有天才、党的最好同志,才能做好情报工作"。

高素质的国家安全人员必须具备以下素质:一是政治过硬。有着坚定的政治信仰,能够在困难条件下工作,在关键时刻献身国家。二是协作精神。团队合作是情报人员有效开展工作的桥梁,是实现跨机构、跨部门整合和情报工作各环节之间整合的基础。三是语言能力。外语教育是培养娴熟的情报人员不可或缺的一部分。四是分析技能。要求情报部门提高分析技能、改进分析方法并加强分析实践,增强情报分析的深度和准确性。

(八)塑造积极的国家安全情报文化,厚植国家安全情报根基

在影响情报工作的诸因素中,文化传统的影响最持久、最稳定、最隐蔽。作为一种观念性的因素,其影响很容易为人们所忽视,但最终会通过情报工作反映出来。情报文化的底蕴和根基是其思想文化,每一个国家和民族的情报文化都带有其固有的民族文化的烙印。因此,塑造一个国家情报文化的首要因素,是其思想文化。

概而言之,我党我军的优秀情报工作传统,可以从以下方面理解:一是充分重视情报工作的情报观。毛泽东同志称赞军委二局为"好的二局",在为情报机构题词时指出"知彼知己,百战百胜",称情报战线为无形战线,情报人员为无名英雄。二是充分重视实事求是的情报分析传统。毛泽东同志指出,战争具有很大的不确定性,但作为人类社会的一种现象,战争是有规律可循的,认真研究战争规律和指导规律,是赢得胜利的基本保障。

对中国而言,这种开放的情报文化尤其具有意义。长期以来,国家安全工作成为学术界的禁区,地方大学讳言情报工作,对情报工作存在诸多错误认识,认为所有的情报工作都与"秘密"和"间谍活动"相关,因而是学术研究的禁区。这种学术研究的禁忌使地方学术界不关心国家情报工作,不关心国家安全议题,而将所谓的情报研究完全变成了坐而论道的信息分析和处理,极大地浪费了国家的智力资源。因此,应该破除情报工作的神秘性,让公众了解国家安全工作,了解情报工作,关心情报工作,关注国家安全问题,形成一个重视情报、重视安全的公众氛围。我国《国家安全法》

和《国家情报法》的通过、国家安全学一级学科的设立计划,为我国的国家安全研究增加了活力,也指明了方向。笔者认为,国家安全立法最有价值的部分,是使公众认识到国家安全工作的重要性。《国家情报法》明确规定了国家安全情报工作的领导机构、实施机构,规定国家安全情报机构可以通过各种手段获取情报,也要求对各类国家安全情报人才进行培训。这些规定,在一定程度上揭开了中国情报研究的神秘面纱,促使公众了解国家安全工作,关心国家安全工作,支持国家安全工作,保守、封闭的情报文化得以重塑。

能力训练

训练项目:他国情报机构建设情况

一、训练目的

近现代时期,世界各个国家出于国家安全考虑,均建立了军事、国防、内部安全方面的情报机构,每个国家基于本国实际,在机构划分、功能设置上存在不同。通过他国情报机构建设情况的资料搜集、整理,对我国的情报机制建设具有重要的借鉴意义。

二、任务要求

学生6人为一组,搜集世界主要国家情报机构建设的资料,如俄罗斯、法国、德国、以色列、巴西等国家。将搜集到的相关资料整理成 word 文档和汇报 PPT,在课堂上进行展示汇报。

附录一

中华人民共和国国家安全法

(2015年7月1日第十二届全国人民代表大会常务委员会第十五次会议通过)

第一章 总则

第一条 为了维护国家安全,保卫人民民主专政的政权和中国特色社会主义制度,保护人民的根本利益,保障改革开放和社会主义现代化建设的顺利进行,实现中华民族伟大复兴,根据宪法,制定本法。

第二条 国家安全是指国家政权、主权、统一和领土完整、人民福祉、经济社会可持续发展和国家其他重大利益相对处于没有危险和不受内外威胁的状态,以及保障持续安全状态的能力。

第三条 国家安全工作应当坚持总体国家安全观,以人民安全为宗旨,以政治安全为根本,以经济安全为基础,以军事、文化、社会安全为保障,以促进国际安全为依托,维护各领域国家安全,构建国家安全体系,走中国特色国家安全道路。

第四条 坚持中国共产党对国家安全工作的领导,建立集中统一、高效权威的国家安全领导体制。

第五条 中央国家安全领导机构负责国家安全工作的决策和议事协调,研究制定、指导实施国家安全战略和有关重大方针政策,统筹协调国家安全重大事项和重要工作,推动国家安全法治建设。

第六条 国家制定并不断完善国家安全战略,全面评估国际、国内安全形势,明确国家安全战略的指导方针、中长期目标、重点领域的国家安全政策、工作任务和措施。

第七条 维护国家安全,应当遵守宪法和法律,坚持社会主义法治原则,尊重和保障人权,依法保护公民的权利和自由。

第八条 维护国家安全,应当与经济社会发展相协调。

国家安全工作应当统筹内部安全和外部安全、国土安全和国民安全、传统安全和非传统安全、自身安全和共同安全。

第九条 维护国家安全,应当坚持预防为主、标本兼治,专门工作与群众路线相结合，充分发挥专门机关和其他有关机关维护国家安全的职能作用，广泛动员公民和组织，防范、制止和依法惩治危害国家安全的行为。

第十条 维护国家安全，应当坚持互信、互利、平等、协作，积极同外国政府和国际组织开展安全交流合作，履行国际安全义务，促进共同安全，维护世界和平。

第十一条 中华人民共和国公民、一切国家机关和武装力量、各政党和各人民团体、企业事业组织和其他社会组织，都有维护国家安全的责任和义务。

中国的主权和领土完整不容侵犯和分割。维护国家主权、统一和领土完整是包括港澳同胞和台湾同胞在内的全中国人民的共同义务。

第十二条 国家对在维护国家安全工作中作出突出贡献的个人和组织给予表彰和奖励。

第十三条 国家机关工作人员在国家安全工作和涉及国家安全活动中，滥用职权、玩忽职守、徇私舞弊的，依法追究法律责任。

任何个人和组织违反本法和有关法律，不履行维护国家安全义务或者从事危害国家安全活动的，依法追究法律责任。

第十四条 每年4月15日为全民国家安全教育日。

第二章 维护国家安全的任务

第十五条 国家坚持中国共产党的领导，维护中国特色社会主义制度，发展社会主义民主政治，健全社会主义法治，强化权力运行制约和监督机制，保障人民当家作主的各项权利。

国家防范、制止和依法惩治任何叛国、分裂国家、煽动叛乱、颠覆或者煽动颠覆人民民主专政政权的行为；防范、制止和依法惩治窃取、泄露国家秘密等危害国家安全的行为；防范、制止和依法惩治境外势力的渗透、破坏、颠覆、分裂活动。

第十六条 国家维护和发展最广大人民的根本利益，保卫人民安全，创造良好生存发展条件和安定工作生活环境，保障公民的生命财产安全和其他合法权益。

第十七条 国家加强边防、海防和空防建设，采取一切必要的防卫和管控措施，保卫领陆、内水、领海和领空安全，维护国家领土主权和海洋权益。

第十八条 国家加强武装力量革命化、现代化、正规化建设，建设与保卫国家安全和发展利益需要相适应的武装力量；实施积极防御军事战略方针，防备和抵御侵略，制止武装颠覆和分裂；开展国际军事安全合作，实施联合国维和、国际救援、海上护航和维护国家海外利益的军事行动，维护国家主权、安全、领土完整、发展利益和世界和平。

第十九条 国家维护国家基本经济制度和社会主义市场经济秩序，健全预防和化解经济安全风险的制度机制，保障关系国民经济命脉的重要行业和关键领域、重点产业、重大基础设施和重大建设项目以及其他重大经济利益安全。

第二十条 国家健全金融宏观审慎管理和金融风险防范、处置机制，加强金融基础设施和基础能力建设，防范和化解系统性、区域性金融风险，防范和抵御外部金融风险的冲击。

第二十一条 国家合理利用和保护资源能源，有效管控战略资源能源的开发，加强战略资源能源储备，完善资源能源运输战略通道建设和安全保护措施，加强国际资源能源合作，全面提升应急保障能力，保障经济社会发展所需的资源能源持续、可靠和有效供给。

第二十二条 国家健全粮食安全保障体系，保护和提高粮食综合生产能力，完善粮食储备制度、流通体系和市场调控机制，健全粮食安全预警制度，保障粮食供给和质量安全。

第二十三条 国家坚持社会主义先进文化前进方向，继承和弘扬中华民族优秀传统文化，培育和践行社会主义核心价值观，防范和抵制不良文化的影响，掌握意识形态领域主导权，增强文化整体实力和竞争力。

第二十四条 国家加强自主创新能力建设，加快发展自主可控的战略高新技术和重要领域核心关键技术，加强知识产权的运用、保护和科技保密能力建设，保障重大技术和工程的安全。

第二十五条 国家建设网络与信息安全保障体系，提升网络与信息安全保护能力，加强网络和信息技术的创新研究和开发应用，实现网络和信息核心技术、关键基础设施和重要领域信息系统及数据的安全可控；加强网络管理，防范、制止和依法惩治网络攻击、网络入侵、网络窃密、散布违法有害信息等网络违法犯罪行为，维护国家网络空间主权、安全和发展利益。

第二十六条 国家坚持和完善民族区域自治制度，巩固和发展平等团结互助和谐的社会主义民族关系。坚持各民族一律平等，加强民族交往、交流、交融，防范、制止和依法惩治民族分裂活动，维护国家统一、民族团结和社会和谐，实现各民族共同团结奋斗、共同繁荣发展。

第二十七条 国家依法保护公民宗教信仰自由和正常宗教活动，坚持宗教独立自主自办的原则，防范、制止和依法惩治利用宗教名义进行危害国家安全的违法犯罪活动，反对境外势力干涉境内宗教事务，维护正常宗教活动秩序。

国家依法取缔邪教组织，防范、制止和依法惩治邪教违法犯罪活动。

第二十八条 国家反对一切形式的恐怖主义和极端主义，加强防范和处置恐怖主义的能力建设，依法开展情报、调查、防范、处置以及资金监管等工作，依法取缔恐怖活动组织和严厉惩治暴力恐怖活动。

第二十九条 国家健全有效预防和化解社会矛盾的体制机制，健全公共安全体系，积极预防、减少和化解社会矛盾，妥善处置公共卫生、社会安全等影响国家安全和社会稳定的突发事件，促进社会和谐，维护公共安全和社会安定。

第三十条　国家完善生态环境保护制度体系，加大生态建设和环境保护力度，划定生态保护红线，强化生态风险的预警和防控，妥善处置突发环境事件，保障人民赖以生存发展的大气、水、土壤等自然环境和条件不受威胁和破坏，促进人与自然和谐发展。

第三十一条　国家坚持和平利用核能和核技术，加强国际合作，防止核扩散，完善防扩散机制，加强对核设施、核材料、核活动和核废料处置的安全管理、监管和保护，加强核事故应急体系和应急能力建设，防止、控制和消除核事故对公民生命健康和生态环境的危害，不断增强有效应对和防范核威胁、核攻击的能力。

第三十二条　国家坚持和平探索和利用外层空间、国际海底区域和极地，增强安全进出、科学考察、开发利用的能力，加强国际合作，维护我国在外层空间、国际海底区域和极地的活动、资产和其他利益的安全。

第三十三条　国家依法采取必要措施，保护海外中国公民、组织和机构的安全和正当权益，保护国家的海外利益不受威胁和侵害。

第三十四条　国家根据经济社会发展和国家发展利益的需要，不断完善维护国家安全的任务。

第三章　维护国家安全的职责

第三十五条　全国人民代表大会依照宪法规定，决定战争和和平的问题，行使宪法规定的涉及国家安全的其他职权。

全国人民代表大会常务委员会依照宪法规定，决定战争状态的宣布，决定全国总动员或者局部动员，决定全国或者个别省、自治区、直辖市进入紧急状态，行使宪法规定的和全国人民代表大会授予的涉及国家安全的其他职权。

第三十六条　中华人民共和国主席根据全国人民代表大会的决定和全国人民代表大会常务委员会的决定，宣布进入紧急状态，宣布战争状态，发布动员令，行使宪法规定的涉及国家安全的其他职权。

第三十七条　国务院根据宪法和法律，制定涉及国家安全的行政法规，规定有关行政措施，发布有关决定和命令；实施国家安全法律法规和政策；依照法律规定决定省、自治区、直辖市的范围内部分地区进入紧急状态；行使宪法法律规定的和全国人民代表大会及其常务委员会授予的涉及国家安全的其他职权。

第三十八条　中央军事委员会领导全国武装力量，决定军事战略和武装力量的作战方针，统一指挥维护国家安全的军事行动，制定涉及国家安全的军事法规，发布有关决定和命令。

第三十九条　中央国家机关各部门按照职责分工，贯彻执行国家安全方针政策和法律法规，管理指导本系统、本领域国家安全工作。

第四十条　地方各级人民代表大会和县级以上地方各级人民代表大会常务委员会

在本行政区域内，保证国家安全法律法规的遵守和执行。

地方各级人民政府依照法律法规规定管理本行政区域内的国家安全工作。

香港特别行政区、澳门特别行政区应当履行维护国家安全的责任。

第四十一条 人民法院依照法律规定行使审判权，人民检察院依照法律规定行使检察权，惩治危害国家安全的犯罪。

第四十二条 国家安全机关、公安机关依法搜集涉及国家安全的情报信息，在国家安全工作中依法行使侦查、拘留、预审和执行逮捕以及法律规定的其他职权。

有关军事机关在国家安全工作中依法行使相关职权。

第四十三条 国家机关及其工作人员在履行职责时，应当贯彻维护国家安全的原则。

国家机关及其工作人员在国家安全工作和涉及国家安全活动中，应当严格依法履行职责，不得超越职权、滥用职权，不得侵犯个人和组织的合法权益。

第四章 国家安全制度

第一节 一般规定

第四十四条 中央国家安全领导机构实行统分结合、协调高效的国家安全制度与工作机制。

第四十五条 国家建立国家安全重点领域工作协调机制，统筹协调中央有关职能部门推进相关工作。

第四十六条 国家建立国家安全工作督促检查和责任追究机制，确保国家安全战略和重大部署贯彻落实。

第四十七条 各部门、各地区应当采取有效措施，贯彻实施国家安全战略。

第四十八条 国家根据维护国家安全工作需要，建立跨部门会商工作机制，就维护国家安全工作的重大事项进行会商研判，提出意见和建议。

第四十九条 国家建立中央与地方之间、部门之间、军地之间以及地区之间关于国家安全的协同联动机制。

第五十条 国家建立国家安全决策咨询机制，组织专家和有关方面开展对国家安全形势的分析研判，推进国家安全的科学决策。

第二节 情报信息

第五十一条 国家健全统一归口、反应灵敏、准确高效、运转顺畅的情报信息收集、研判和使用制度，建立情报信息工作协调机制，实现情报信息的及时收集、准确研判、有效使用和共享。

第五十二条 国家安全机关、公安机关、有关军事机关根据职责分工，依法搜集涉及国家安全的情报信息。

国家机关各部门在履行职责过程中，对于获取的涉及国家安全的有关信息应当及时上报。

第五十三条 开展情报信息工作,应当充分运用现代科学技术手段,加强对情报信息的鉴别、筛选、综合和研判分析。

第五十四条 情报信息的报送应当及时、准确、客观,不得迟报、漏报、瞒报和谎报。

第三节 风险预防、评估和预警

第五十五条 国家制定完善应对各领域国家安全风险预案。

第五十六条 国家建立国家安全风险评估机制,定期开展各领域国家安全风险调查评估。

有关部门应当定期向中央国家安全领导机构提交国家安全风险评估报告。

第五十七条 国家健全国家安全风险监测预警制度,根据国家安全风险程度,及时发布相应风险预警。

第五十八条 对可能即将发生或者已经发生的危害国家安全的事件,县级以上地方人民政府及其有关主管部门应当立即按照规定向上一级人民政府及其有关主管部门报告,必要时可以越级上报。

第四节 审查监管

第五十九条 国家建立国家安全审查和监管的制度和机制,对影响或者可能影响国家安全的外商投资、特定物项和关键技术、网络信息技术产品和服务、涉及国家安全事项的建设项目,以及其他重大事项和活动,进行国家安全审查,有效预防和化解国家安全风险。

第六十条 中央国家机关各部门依照法律、行政法规行使国家安全审查职责,依法作出国家安全审查决定或者提出安全审查意见并监督执行。

第六十一条 省、自治区、直辖市依法负责本行政区域内有关国家安全审查和监管工作。

第五节 危机管控

第六十二条 国家建立统一领导、协同联动、有序高效的国家安全危机管控制度。

第六十三条 发生危及国家安全的重大事件,中央有关部门和有关地方根据中央国家安全领导机构的统一部署,依法启动应急预案,采取管控处置措施。

第六十四条 发生危及国家安全的特别重大事件,需要进入紧急状态、战争状态或者进行全国总动员、局部动员的,由全国人民代表大会、全国人民代表大会常务委员会或者国务院依照宪法和有关法律规定的权限和程序决定。

第六十五条 国家决定进入紧急状态、战争状态或者实施国防动员后,履行国家安全危机管控职责的有关机关依照法律规定或者全国人民代表大会常务委员会规定,有权采取限制公民和组织权利、增加公民和组织义务的特别措施。

第六十六条 履行国家安全危机管控职责的有关机关依法采取处置国家安全危机

的管控措施，应当与国家安全危机可能造成的危害的性质、程度和范围相适应；有多种措施可供选择的，应当选择有利于最大程度保护公民、组织权益的措施。

第六十七条　国家健全国家安全危机的信息报告和发布机制。

国家安全危机事件发生后，履行国家安全危机管控职责的有关机关，应当按照规定准确、及时报告，并依法将有关国家安全危机事件发生、发展、管控处置及善后情况统一向社会发布。

第六十八条　国家安全威胁和危害得到控制或者消除后，应当及时解除管控处置措施，做好善后工作。

第五章　国家安全保障

第六十九条　国家健全国家安全保障体系，增强维护国家安全的能力。

第七十条　国家健全国家安全法律制度体系，推动国家安全法治建设。

第七十一条　国家加大对国家安全各项建设的投入，保障国家安全工作所需经费和装备。

第七十二条　承担国家安全战略物资储备任务的单位，应当按照国家有关规定和标准对国家安全物资进行收储、保管和维护，定期调整更换，保证储备物资的使用效能和安全。

第七十三条　鼓励国家安全领域科技创新，发挥科技在维护国家安全中的作用。

第七十四条　国家采取必要措施，招录、培养和管理国家安全工作专门人才和特殊人才。

根据维护国家安全工作的需要，国家依法保护有关机关专门从事国家安全工作人员的身份和合法权益，加大人身保护和安置保障力度。

第七十五条　国家安全机关、公安机关、有关军事机关开展国家安全专门工作，可以依法采取必要手段和方式，有关部门和地方应当在职责范围内提供支持和配合。

第七十六条　国家加强国家安全新闻宣传和舆论引导，通过多种形式开展国家安全宣传教育活动，将国家安全教育纳入国民教育体系和公务员教育培训体系，增强全民国家安全意识。

第六章　公民、组织的义务和权利

第七十七条　公民和组织应当履行下列维护国家安全的义务：

（一）遵守宪法、法律法规关于国家安全的有关规定；

（二）及时报告危害国家安全活动的线索；

（三）如实提供所知悉的涉及危害国家安全活动的证据；

（四）为国家安全工作提供便利条件或者其他协助；

（五）向国家安全机关、公安机关和有关军事机关提供必要的支持和协助；

（六）保守所知悉的国家秘密；

（七）法律、行政法规规定的其他义务。

任何个人和组织不得有危害国家安全的行为，不得向危害国家安全的个人或者组织提供任何资助或者协助。

第七十八条 机关、人民团体、企业事业组织和其他社会组织应当对本单位的人员进行维护国家安全的教育，动员、组织本单位的人员防范、制止危害国家安全的行为。

第七十九条 企业事业组织根据国家安全工作的要求，应当配合有关部门采取相关安全措施。

第八十条 公民和组织支持、协助国家安全工作的行为受法律保护。

因支持、协助国家安全工作，本人或者其近亲属的人身安全面临危险的，可以向公安机关、国家安全机关请求予以保护。公安机关、国家安全机关应当会同有关部门依法采取保护措施。

第八十一条 公民和组织因支持、协助国家安全工作导致财产损失的，按照国家有关规定给予补偿；造成人身伤害或者死亡的，按照国家有关规定给予抚恤优待。

第八十二条 公民和组织对国家安全工作有向国家机关提出批评建议的权利，对国家机关及其工作人员在国家安全工作中的违法失职行为有提出申诉、控告和检举的权利。

第八十三条 在国家安全工作中，需要采取限制公民权利和自由的特别措施时，应当依法进行，并以维护国家安全的实际需要为限度。

第七章 附 则

第八十四条 本法自公布之日起施行。

附录二

中华人民共和国国家情报法

(2017年6月27日第十二届全国人民代表大会常务委员会第二十八次会议通过 根据2018年4月27日第十三届全国人民代表大会常务委员会第二次会议《关于修改〈中华人民共和国国境卫生检疫法〉等六部法律的决定》修正)

第一章 总 则

第一条 为了加强和保障国家情报工作，维护国家安全和利益，根据宪法，制定本法。

第二条 国家情报工作坚持总体国家安全观，为国家重大决策提供情报参考，为防范和化解危害国家安全的风险提供情报支持，维护国家政权、主权、统一和领土完整、人民福祉、经济社会可持续发展和国家其他重大利益。

第三条 国家建立健全集中统一、分工协作、科学高效的国家情报体制。

中央国家安全领导机构对国家情报工作实行统一领导，制定国家情报工作方针政策，规划国家情报工作整体发展，建立健全国家情报工作协调机制，统筹协调各领域国家情报工作，研究决定国家情报工作中的重大事项。

中央军事委员会统一领导和组织军队情报工作。

第四条 国家情报工作坚持公开工作与秘密工作相结合、专门工作与群众路线相结合、分工负责与协作配合相结合的原则。

第五条 国家安全机关和公安机关情报机构、军队情报机构（以下统称国家情报工作机构）按照职责分工，相互配合，做好情报工作、开展情报行动。

各有关国家机关应当根据各自职能和任务分工，与国家情报工作机构密切配合。

第六条 国家情报工作机构及其工作人员应当忠于国家和人民，遵守宪法和法律，忠于职守，纪律严明，清正廉洁，无私奉献，坚决维护国家安全和利益。

第七条 任何组织和公民都应当依法支持、协助和配合国家情报工作，保守所知悉的国家情报工作秘密。

国家对支持、协助和配合国家情报工作的个人和组织给予保护。

第八条 国家情报工作应当依法进行，尊重和保障人权，维护个人和组织的合法权益。

第九条 国家对在国家情报工作中作出重大贡献的个人和组织给予表彰和奖励。

第二章 国家情报工作机构职权

第十条 国家情报工作机构根据工作需要，依法使用必要的方式、手段和渠道，在境内外开展情报工作。

第十一条 国家情报工作机构应当依法搜集和处理境外机构、组织、个人实施或者指使、资助他人实施的，或者境内外机构、组织、个人相勾结实施的危害中华人民共和国国家安全和利益行为的相关情报，为防范、制止和惩治上述行为提供情报依据或者参考。

第十二条 国家情报工作机构可以按照国家有关规定，与有关个人和组织建立合作关系，委托开展相关工作。

第十三条 国家情报工作机构可以按照国家有关规定，开展对外交流与合作。

第十四条 国家情报工作机构依法开展情报工作，可以要求有关机关、组织和公民提供必要的支持、协助和配合。

第十五条 国家情报工作机构根据工作需要，按照国家有关规定，经过严格的批准手续，可以采取技术侦察措施和身份保护措施。

第十六条 国家情报工作机构工作人员依法执行任务时，按照国家有关规定，经过批准，出示相应证件，可以进入限制进入的有关区域、场所，可以向有关机关、组织和个人了解、询问有关情况，可以查阅或者调取有关的档案、资料、物品。

第十七条 国家情报工作机构工作人员因执行紧急任务需要，经出示相应证件，可以享受通行便利。

国家情报工作机构工作人员根据工作需要，按照国家有关规定，可以优先使用或者依法征用有关机关、组织和个人的交通工具、通信工具、场地和建筑物，必要时，可以设置相关工作场所和设备、设施，任务完成后应当及时归还或者恢复原状，并依照规定支付相应费用；造成损失的，应当补偿。

第十八条 国家情报工作机构根据工作需要，按照国家有关规定，可以提请海关、出入境边防检查等机关提供免检等便利。

第十九条 国家情报工作机构及其工作人员应当严格依法办事，不得超越职权、滥用职权，不得侵犯公民和组织的合法权益，不得利用职务便利为自己或者他人谋取私利，不得泄露国家秘密、商业秘密和个人信息。

第三章 国家情报工作保障

第二十条 国家情报工作机构及其工作人员依法开展情报工作，受法律保护。

第二十一条 国家加强国家情报工作机构建设，对其机构设置、人员、编制、经费、资产实行特殊管理,给予特殊保障。

国家建立适应情报工作需要的人员录用、选调、考核、培训、待遇、退出等管理制度。

第二十二条 国家情报工作机构应当适应情报工作需要,提高开展情报工作的能力。

国家情报工作机构应当运用科学技术手段,提高对情报信息的鉴别、筛选、综合和研判分析水平。

第二十三条 国家情报工作机构工作人员因执行任务,或者与国家情报工作机构建立合作关系的人员因协助国家情报工作,其本人或者近亲属人身安全受到威胁时,国家有关部门应当采取必要措施,予以保护、营救。

第二十四条 对为国家情报工作作出贡献并需要安置的人员,国家给予妥善安置。

公安、民政、财政、卫生、教育、人力资源、社会保障、退役军人事务、医疗保障等有关部门以及国有企业事业单位应当协助国家情报工作机构做好安置工作。

第二十五条 对因开展国家情报工作或者支持、协助和配合国家情报工作导致伤残或者牺牲、死亡的人员,按照国家有关规定给予相应的抚恤优待。

个人和组织因支持、协助和配合国家情报工作导致财产损失的,按照国家有关规定给予补偿。

第二十六条 国家情报工作机构应当建立健全严格的监督和安全审查制度,对其工作人员遵守法律和纪律等情况进行监督,并依法采取必要措施,定期或者不定期进行安全审查。

第二十七条 任何个人和组织对国家情报工作机构及其工作人员超越职权、滥用职权和其他违法违纪行为,有权检举、控告。受理检举、控告的有关机关应当及时查处,并将查处结果告知检举人、控告人。

对依法检举、控告国家情报工作机构及其工作人员的个人和组织,任何个人和组织不得压制和打击报复。

国家情报工作机构应当为个人和组织检举、控告、反映情况提供便利渠道,并为检举人、控告人保密。

第四章　法律责任

第二十八条 违反本法规定,阻碍国家情报工作机构及其工作人员依法开展情报工作的,由国家情报工作机构建议相关单位给予处分或者由国家安全机关、公安机关处警告或者十五日以下拘留;构成犯罪的,依法追究刑事责任。

第二十九条 泄露与国家情报工作有关的国家秘密的,由国家情报工作机构建议相关单位给予处分或者由国家安全机关、公安机关处警告或者十五日以下拘留;构成犯罪的,依法追究刑事责任。

第三十条　冒充国家情报工作机构工作人员或者其他相关人员实施招摇撞骗、诈骗、敲诈勒索等行为的，依照《中华人民共和国治安管理处罚法》的规定处罚；构成犯罪的，依法追究刑事责任。

第三十一条　国家情报工作机构及其工作人员有超越职权、滥用职权，侵犯公民和组织的合法权益，利用职务便利为自己或者他人谋取私利，泄露国家秘密、商业秘密和个人信息等违法违纪行为的，依法给予处分；构成犯罪的，依法追究刑事责任。

第五章　附　则

第三十二条　本法自 2017 年 6 月 28 日起施行。

参考文献

1. 公安部政治部编：《犯罪情报学教程》，群众出版社 2015 年版。
2. 刘硕主编：《公安情报学总论》，中国人民公安大学出版社 2015 年版。
3. 陈刚：《犯罪情报分析》，中国人民公安大学出版社 2018 年版。
4. 叶鹰、武夷山主编：《情报学基础教程》，科学出版社 2012 年版。
5. 张蕾华：《公安情报理论与实践》，中国人民公安大学出版社 2015 年版。
6. ［英］克莱夫·科尔曼、詹妮·莫尼罕著，靳高风等译：《解读犯罪统计数据——揭示犯罪暗数》，中国人民公安大学出版社 2009 年版。
7. 彭知辉：《公安情报应用专题研究》，中国人民公安大学出版社 2013 年版。
8. 李景龙：《情报分析：理论、方法与案例》，时事出版社 2017 年版。
9. 王平：《刑罚执行代化：观念、制度与技术》，北京大学出版社 2018 年版。
10. 李玫瑾：《犯罪心理研究——在犯罪防控中的作用》，中国人民公安大学出版社 2010 年版。
11. ［英］杰瑞·莱特克里菲著，崔嵩译：《情报主导警务》，中国人民公安大学出版社 2010 年版。
12. 高慧开主编：《犯罪情报学纲要》，法律出版社 2017 年版。
13. ［美］布伦特·E. 特维著，李玫瑾译：《犯罪心理画像：行为证据分析入门》，中国人民公安大学出版社 2005 年版。
14. ［英］维克托·迈尔-舍恩伯格、肯尼思·库克耶著，盛杨燕、周涛译：《大数据时代——生活、工作与思维的大变革》，浙江人民出版社 2013 年版。
15. 徐子沛：《数据之巅：大数据革命，历史、现实与未来》，中信出版社 2014 年版。
16. 李建利、李宇尘：《大数据在刑事侦查中的应用研究》，吉林大学出版社 2017 年版。
17. 王亮主编：《狱内侦查工作实务》，中国政法大学出版社 2018 年版。
18. ［英］Spencer Chainey、Lisa Jompson 编著，陈鹏等译：《犯罪制图案例分析：实践与研究》，中国人民公安大学出版社 2014 年版。
19. ［英］Spencer Chainey、［美］Jerry Ratcliffe 著，陈鹏等译：《地理信息系统与犯罪

制图》，中国人民公安大学出版社 2014 年版。
20. ［美］雷切尔·博巴·桑托斯著，金诚、郑滋椀译：《犯罪分析与犯罪制图》，人民出版社 2014 年版。

后 记

《犯罪情报分析》教材经过几年的酝酿、编写、整理，终于得以出版。在此非常感谢一路走来给我提供帮助、支持的领导和同事！感谢刑事侦查技术专业的同学，在给同学们上课的过程中，我得到很多撰写灵感！感谢中国政法大学出版社的编辑，为教材的顺利出版认真地统稿、校正、提出修改建议！最后非常感谢我的家人，家庭是我们的港湾，家人的理解和支持是我坚持和前进的动力！

由于学识和经验有限，教材中会存在一些不足之处，欢迎各位读者提出修改建议。您的宝贵建议是我继续学习和进步的源泉！在此表示衷心的感谢！联系邮箱：519270527@qq.com。

周亚萍

2019 年 11 月

声　明　1. 版权所有，侵权必究。

　　　　 2. 如有缺页、倒装问题，由出版社负责退换。

图书在版编目（CIP）数据

犯罪情报分析/周亚萍，王亮主编. —北京：中国政法大学出版社，2020.1（2024.1重印）
ISBN 978-7-5620-9397-8

Ⅰ.①犯… Ⅱ.①周…　②王…　Ⅲ.①犯罪侦察－情报分析　Ⅳ.①D918

中国版本图书馆CIP数据核字(2019)第300522号

出 版 者	中国政法大学出版社
地　　址	北京市海淀区西土城路 25 号
邮　　箱	fadapress@163.com
网　　址	http://www.cuplpress.com（网络实名：中国政法大学出版社）
电　　话	010-58908435(第一编辑部) 58908334(邮购部)
承　　印	固安华明印业有限公司
开　　本	787mm×1092mm　1/16
印　　张	9.75
字　　数	202 千字
版　　次	2020 年 1 月第 1 版
印　　次	2024 年 1 月第 2 次印刷
印　　数	3001~5000 册
定　　价	29.00 元